アメリカ・ザ・ゲンバ

America at the Scenes

青山繁晴

ワニブックス
|PLUS|新書

＊表記について
著者の日本語への愛情と信念に基づき、同一語を文脈に応じて漢字、ひらがな、カタカナ、ローマ字で自在に書き分け、また違う漢字で表記します。それだけではなく、たとえば人称も変えます。一人称にしても「ぼく」と「わたし」から「俺」までを自由に使い分けます。すべて一般の校正基準とは異なります。ご諒解《りょうかい》ください。

＊序章、第一章〜第十章、終章の表記、肩書き、年齢等は執筆当時、即ち西暦二〇〇三年三月のものである。

本書は西暦二〇〇三年三月に飛鳥新社から刊行された『世界政府アメリカの「嘘」と「正義」』を改題し、新たな書きおろしを加えたうえで新書化した。

十三年目の青空の章
新書のためのプレ・トーク

青山繁晴　拝

この本からはメリッという怪音が聞こえる。世界が壊れる最初の音である。

十三年も前の書が蘇《よみがえ》るときが来るとは、思ってもみなかった。しかし二〇一六年アメリカの大統領選挙の烈《はげ》しい崩れぶりをみて、内心で秘かにかつての自著を思い起こしていた。

わたしの書いた本だが、世に出た瞬間に、もはやわたしのものではない。読者のおひとりおひとりの胸のなかで、それぞれ一冊づつの新しい本に生まれ変わってゆく。読者のそれまでの人生や感じ方、考え方によって読まれ方が違うからだ。

そしてプロの書き手には、いつも申すように二種類ある。おのれの書いたものを反芻《はんすう》し続けて次の創造に生かす人、書きあげたことによりカタルシス（浄化作用）が起きてきれいさっぱり忘れ、次の創造に向かう人。わたしはまんま、後者だ。だから自著を思い起こすのはとても珍しいことだった。

その自著が、西暦二〇〇三年三月に世に問うた「世界政府アメリカの『嘘』と『正義』」である。

この発行年月を見て気づくひとも少なくないだろう。そうです、二〇〇三年三月十九日にアメリカ、イギリス両軍がイラクに爆撃を開始した。イラク戦争の始まりだ。

このささやかな書を、書いた本人としてではなく客観的に突き放して見ると、時代の凄まじい緊張が刻まれている。

まず二〇〇一年秋のニューヨークとワシントンDCに、誰もが自分の目を疑った9・11同時多発テロが起きた。美しい紅葉の季節を迎えたNYのシンボル、世界貿易センターのツインタワーに、あろうことか市民の眼の前で旅客機が乗客ごと真横から突っ込み、それだけでもナイトメア（悪夢）の衝撃で口もきけないなかで、もう一機がもう一本のタワーに突っ込み、やがて煉獄《れんごく》の土煙《つちけむり》のなかで二本とも崩れ墜ちた。

このイスラーム原理主義者のテロリズムを、アメリカのブッシュ大統領はイラクのフセイン大統領のせいにした。フセイン大統領は自国民を毒ガスで殺した最悪の独裁者であったが、世俗主義でもあり、イスラーム原理主義者も殺していた。明らかに敵が違う。しかしブッシュ大統領はどんどんエスカレートしていく。9・11テロの五日後に、テロリストとの戦争を「十字軍」と表現し、翌月の二〇〇一年十月にはまずアフガニスタンに攻め込んだ。

翌年の二〇〇二年一月には、一般教書演説でイラクを「悪の枢軸」のひとつに数え、さらに二〇〇三年二月には国連で、政権内の良心派パウエル国務長官をして、イラクは大量破壊兵器をたった今、隠し持っているという嘘の報告をさせた。

その翌月、前述の二〇〇三年三月十九日にブレア政権のイギリスを巻き込んでイラク爆撃を開始、翌日二十日にはクウェートから地上軍がイラクに侵入を始めた。

わたしもやがて戦場に入ることになるイラク戦争の開戦である。

「世界政府アメリカの『嘘』と『正義』」はその高まる緊張、破裂する世界のなかで書き綴《つづ》った。

さて、出版界には、風雲児がときおり現れる。

人を惹《ひ》きつける本の書き手を見つける目利きであり、意欲的な出版の度が過ぎて失敗もなさるが、後世に残る書物を生み出す出版社の社長さんだ。

「世界政府アメリカの『嘘』と『正義』」は、その風雲児のひとりに「青山さん、アメリカが分かる一冊を書いて欲しい」と言われたことから執筆が始まった。

背景には、誰もがアメリカは一体、何をしようとしているのかと不安や疑問でいっぱいだったことがある。

風雲児はこう仰った。「青山さんは、自分の作家としての値打ちをまだ知らない。発想の斬新さ、話の展開の痛快さ、それから文章のパワーいずれも、自分を分かっていない。ぜひありのままの自分で一冊、書いて、世界の疑問であるアメリカを裸にして欲しい」

わたしは正直、顔が赤らむのが分かった。

あまりに面映ゆい話でもあったが、社交辞令は間違っても言わない、厳しい人の意外な言葉ではあった。

当時のわたしは共同通信の記者を辞めて三菱総研の研究員となり四年目、著作は二〇〇一年十月、9・11の翌月に緊急の対談集を出し、二〇〇二年夏には純文学の小説「平成」を出しただけだった。（この小説は「平成紀」と改題して二〇一六年に蘇った）

今から思えば意外だが、ノンフィクションの書きおろしはまだ一冊も出していなかった。風雲児は、そこを突いたのである。

それから十三年を経た今、信頼する国士の編集者から「新書にしましょう。新書にして再生させましょう。時代はそれを求めています」と提案があった。

時代とは何だろう。

それはいつも新しい危機の顔をして、わたしたちの眼前に現れる。しかし同時に、絶望の向こうにあるからこそ光ある希望の顔も隠している。

二〇一六年アメリカ大統領選挙は、アメリカの解体と、アメリカが築いてきた戦後世界の崩壊を意味している。

それは二〇〇一年の9・11同時多発テロ、二〇〇三年のイラク戦争開戦から始まる崩壊の過程がいったんここで完成したことを意味する。

日本の七十年余の支配者が膝をついて倒れる、さぁ、そのときにわれら日本国民はどう生きるか、何をするか。

わたしはこの書を「アメリカ・ザ・ゲンバ」、America at the Scenes と改題し、この新書版まえがきと、それからあとがきを書きおろし、全文を精査して直すべきは直し、世に問い直す。

その作業を徹夜に次ぐ徹夜で続けながら、わたしはふと、青空をこころの裡《うち》にみた。まさかの、底抜けに碧《あお》い空である。

破壊のあとには創造がある。その永遠の真理が、本書を「アメリカ・ザ・ゲンバ」へと再生させる道程で甦ってきたのだ。

さぁ、その高い空を、一緒に見て一緒に考えましょう。

（了）

目次

目次

序章

アメリカって何だろう

世界でもっとも脅威を感じる国はどこか？

徹夜明けの昼下がりのオフィスで、CNNニュースを見ていたときのことだ。

CNNテレビは、アメリカ南部のアトランタに本拠地がある。そこからキャスターが「世界でもっとも脅威を感じる国はどこか」というアンケートを、アメリカを含む世界の視聴者に向けてリアルタイムで取りはじめた。

イラクが大量殺戮《さつりく》兵器を隠しているらしいと国連の査察を受け、北朝鮮がそれを横目に次々と核カードを切っていたから、キャスターはイラクか北朝鮮、意外性のあるところでは中国あたりという答えを予測していたのだろう。

素早くコンピューター集計が終わり、結果が自動的に画面へ現れた。するとキャスターが、なんとも複雑な表情になってしまった。それまでの流れるような、撃ち込むような語りが、ちょっと口ごもり気味に一変した。

なんと「世界でもっとも脅威を感じる国」は、イラクでも北朝鮮でもなく、核戦力の増強と現代化を進める中国でもなく、互いに核戦争を仕掛けそうなインドとパキスタンでもなく、アメリカ合衆国が第一位となってしまったのである。

世界に向けて、生番組のなかでアンケートを取る。いまや「地球の世論を作ってしまうテレビ局」のCNNらしい、CNNでなければできない試みだ。

CNN、すなわち「ケーブル・ニュース・ネットワーク」はもともとは単なる「限られた契約者向けの報道専門ケーブルTV局」にすぎなかった。

それが、世界へ展開する米軍に記者を常に従軍させ、戦場の現場から生々しい映像ニュースを送るうちに、あっという間に「世界を支配し動かすテレビ局」になってしまった。

つまりは、冷戦が終わったあとのアメリカそのものだ。「地球上の邪悪な政権は、オレが倒す」と宣言し行動しているアメリカと、まさしく歩調を合わせてメディア帝国を築いている。

そのCNNが自信を持って、なにも疑わずに生でアンケートを取ってみれば、「あんたが一番おかしい」と名指しをされた。そしてアメリカ人も「俺たちが一番おかしい」と自分自身を指差した。

CNNのキャスターはいつも、マシンガンのように早口の米語を世界へ撃ち出す。

その早口を聞くたびわたしは、テロ対策をめぐってロンドン近郊で会ったイギリス政府の高官（海軍出身）の言葉を思い出す。

英国紳士の彼はパイプを吹かしながら「アメリカ人のように機関銃で何でも撃ち殺すのを、テロ対策とはわれわれは言わないんだよ」と苦笑しつつ、わたしに話しかけた。

イギリスのブレア首相は「ブッシュ米大統領の忠犬」と皮肉られることが少なくない。そのブレア政権内部の人ですら、こうである。

アメリカの象徴、ＣＮＮの有名キャスターが「あんたたちこそ脅威だ」と、自分の仕掛けたアンケートで指摘されて、いつもの得意の「マシンガン・スピーク」の引き金を引けなくなっている。

一六歳の疑問「なんでアメリカって、こんなに身勝手なんですか？」

それから数週間後の深夜、スタッフが誰もいなくなったオフィスで、わたしはＣＮＮで国連の外相会合の生中継を見ていた。

アメリカのパウエル国務長官が「いかにイラクは査察逃れをしてずるく、天然痘ウイルスやVXガスなどの無差別に人を殺戮する兵器を製造しているか」という「証拠」を、無線の盗聴記録や衛星写真によって力説している。

ふだんのパウエルさんの穏やかな雰囲気とは別人のように、こわばった一本調子の長広舌《ちょうこうぜつ》を、延々と続けている。

それを聞いているフランスの外相は、すこし背中を引きぎみに微苦笑を浮かべる。イギリスの外相は事前に聞かされていたのだろう、退屈そうに横を向いて小さなあくびを漏らす。そしてアナン国連事務総長は終始、腰を浮かせるように落ち着かず、まわりの表情を不安そうにうかがっている。

それを生中継の画面で見ながら、わたしも思わずひとりで苦笑した。

国連だ、外相だ、政府高官だと言っても彼らの感じること、やることは、ふだんのわたしたちの庶民生活のそれと変わらない。

わたしはあくまで一市民だが、テロ対策の立案などに関わる仕事の性質上、各国の高官と話すことが多い。それを通じての実感だ。

パウエルが力説すればするほど「ちょっと腑《ふ》に落ちないないなぁ」と思えてくるから、皮肉屋のフランスの外相は「まぁまぁ、そんなにムキになって、まぁ」と微苦笑し、合理主義者のイギリスの外相は「大した話でもないのに何度も聞かされて」と退屈し、マジメで小心な国連事務総長は「こんな話じゃ国連の安保理事会がよけいに分裂しちゃうんじゃないかなぁ。それでも俺はアメリカを非難できっこないし」と落ち着かなかったりするわけだ。

わたしは夜明けに近づいていく東京湾の静かで暗い水面を、オフィスの窓から見ていた。

パウエル長官が「イラクは、大量破壊兵器を持たないと証明する最後のチャンスを逃した」と叫ぶ声がテレビから聞こえる。

パウエル長官は、本心では戦争をやりたくないのだ。陸海空、海兵隊すべての米軍のトップ、統合参謀本部議長として一九九一年の湾岸戦争を指揮した彼は、死に瀕《ひん》する兵士を見てきているから、途中までは外交でしのごうとしていた。

しかし、それをやるとむしろ、ブッシュ政権内部の本物の強硬派、すなわちチェイニー副大統領を頭《かしら》とする「新保守主義者《ネオコンサバティスト》」たちに主導権を奪われっぱなしになるから、戦術を転換して、自分自身を説得して「戦争路線」に変わった。

内心にその無理があるから、どうしても絶叫調になってしまうのだろう。

すこし気の毒だな。と言っても要は戦争を積極的にやろうとしているのだから、同情するわけにはいかないけど。

そう考えたとき、デスクの上のパソコンから、電子メール着信を知らせる音が短く響いた。

こんな未明の時間に入ってくるメールは、ほとんどが時差のある海外からだ。

ところが開いてみると、そうではない。わたしのホームページにいつも来てくれる、日本の男子高校二年生からだった。

いつもは多弁な彼のメールには、たった一言だけが書いてあった。

「なんでアメリカって、こんなに身勝手なんですか？」

この本の誕生は、一六歳のこの一言から始まった。

アメリカの本質が分かれば日本の進むべき道が分かる

わたしは共同通信で、サツ回りの事件記者、企業回りの経済記者を経験したあと、政治部記者として政局や外交、防衛を取材してきた。

特ダネのチャンスを逃して自分で自分に呆《あき》れたり、内心では泣き笑いの日々だったが、それなりに一生懸命ではあった。

ペルー日本大使公邸人質事件の現地取材で会社といくらか意見の食い違いが生まれたことを契機に、一九九八年、平成一〇年の一月一日付でシンクタンクの三菱総合研究所に移った。

力不足ではあっても志だけは高く、「日本の新しい国家像、国家戦略とは何だろう」という問いを軸に、テロ対策や企業の危機管理、そして日本の政治や経済の「次世代のあり方」をひとつひとつ具体的に研究してきた。

そのかたわら、昭和天皇の崩御を描いた小説『平成』をささやかながら世に問い、作家活動をしてきた。実はもともと、「一〇年だけ記者をやって、その体験をもとに作家になろう」と考えて共同通信に入ったから、辞める機会をうかがっていたとも言える。

二〇〇二年四月一日、わたしは、より公平、客観的に研究をやろうと新しいシンクタンク「独立総合研究所」、略して「独研」を三菱総研時代の仲間ら四人とともに創設し、代表取締役となった。

いま創立一一か月目でスタッフは一四人、政府系機関の公募した研究プロジェクトにも当選し、どうにか前進している。

公式ホームページに掲げている社是は、こうだ。

『われら独立総合研究所・独研は、いかなる組織や団体からも独立し、いかなる補助金の類も受け取らず、完全なる公平・客観の立場から、企業、社会、祖国、世界に寄与する調査・研究を行う』

なけ無しの私財をいくら投じても資金繰りは実に苦しい。

苦しくても、「官が民を圧迫する日本」を変えるために、官と民のあいだに入って公平につなぎたい。それが独研の役割だ。

二〇〇三年一月に、ワシントンＤＣで「日本にテロ対策を確立するためにはアメリカの長所と欠点をどう汲み取ればいいか」をテーマにして、アメリカの政府高官らと会っていたとき、こんなことがあった。

ペンタゴン（米国防総省）の関係者と夕食の約束をしたレストランに出かけると、関係者が見知らぬ人々、いずれもアメリカ人の白人を連れて現れた。

わたしは英語圏では通訳を使わないので、たった一人の平均的体格の日本人が、八人の巨大なアメリカ人に取り囲まれる図になった。

名刺を交換すると、みなロビイストである。ワシントンにはロビイストという職業がある。議会の廊下を動き回って、政治の裏舞台で、超大企業などの利益を代弁して根回しをやる。

三菱総研の研究員としてワシントンに来ていた頃には、こんな人たちがわたしに会いに来たりしなかった。

共同通信の記者としてワシントンに出張していた頃は、そもそも外務官僚のブリーフを聞くばかりで米政府の当事者に取材する機会すらなかった。

「どうして急に、ロビイストを連れてきたんですか」

ペンタゴン関係者に尋ねると、「だってキャピトル・ヒル（米国の議事堂は高い丘の上にあるので議会あたりをこう言う）には、あなたも知っているとおり、議員よりロビイストのほうが多いじゃないか。余っている連中に、メシを食わせないとね」とジョークを飛ばしてから、いつものようにズバリと彼は言った。

「ミスター・アオヤマ。安全保障は日本ではビジネスにならない、というのが、われわれの常識だった。日本は自分で安全保障をやらないからね。ところが、あなたの研究所は純然たる民間なのに日本政府の政策立案に関与し、しかもアメリカの政府機関に対して、あなたと独研は信用できると日本政府の機関からギャランティ（保証）がなされている。そのうえ、研究資金は主に民間企業から得ている。これは未知、未体験の話だ。安全保障問題（セキュリティ・イッシューズ）をビジネスにした日本初の会社の代表が来ている、と声をかけたら、こんなに来たんだ。そちらにはノウハウと人脈がある。こちらには動かせる資金がある」

わたしは「ははぁ」と思わず、日本語で声が出た。なんと、目ざとい。

つまりはいざとなれば、わが独研を買収してやろうということでもあるのだ。これがアメリカだ。

わたしは「Ａｈａ」と溜息をつき直してから、「独研は、いつまでも日本のものさ。それに独研は、安全保障だけが仕事じゃない。多様な分野の問題提起をしている会員制レポートを出しているし、経済・金融をめぐる提言や講演もしている。日本自前の資源の開発から海洋環境の改善まで取り組んでいる自然科学部門もある。安全保障だけを切り離したりしないよ」と答えた。

わたしは、独研を創立した翌月に、経済産業大臣から大臣の諮問機関「総合資源エネルギー調査会」の専門委員（エネルギー安全保障担当）に任命された。

あくまで一人の庶民、民間人だが、エネルギー安全保障に関しては国家公務員法による守秘義務を負っている。

官と民のあいだに立っている。

その立場で、政府や民間企業から研究委託を受けて、アメリカやイギリス、他のヨーロッパ諸国、そして中国、韓国、中東といった諸国を調査と議論のために回っている。

『ＴＶタックル』などのテレビ番組に顔を出すこともあるが、評論家やジャーナリストとしての立場というよりも実際に政府の政策決定プロセスに関わる立場として、視聴者のみなさんにお話しししている。

一六歳の電子メールのあと、同じようにわたしのホームページに来てくれる三八歳の主婦から「アメリカって一体なんですか。わたしは湾岸戦争のときから、そう思っていました。その疑問がイラクや北朝鮮の問題で、ますます強まるばかりです。青山さん、教えてください。きっと教えてください」と訴えかけるメールが来た。

そして空中分解したスペースシャトル「コロンビア」乗組員の追悼式をテレビで見た母からは「これからイラクで何千人も何万人も殺そうかという大統領が、七人のために祈るの。どっか、おかしいね」と電話がかかってきた。

母はアメリカ人の多数派と同じく、プロテスタントのキリスト教徒である。

わたしは、みなさんの疑問に応えてみたいと思う。一緒に考えてみたいと思う。

アメリカの「同盟者」日本の納税者の一人として、アメリカと祖国に問いかけてみたいと思う。

しかし本書は、単なるアメリカ論ではない。

たとえばアメリカ人の話は、実際にわたしが直接会って、通訳抜きで議論したアメリカ人の話だけを記している。

この手で握手をして互いの眼をのぞき込みながら議論した中身だけを、取りあげる。この目で見てこの脚で歩き、この手で触ったものしか取りあげない。

ダイレクトな手触り、それこそが未知のデフレ時代に日本がどう世界で生き抜いていくか、ひとつの指針になることを願っている。

この本は、イラクと北朝鮮の情勢が緊迫するなかでの、緊急出版である。

イラクと北朝鮮を分かるには、実はアメリカを分かることが早道だ。それに、アメリカを分かれば、日本はイラクや北朝鮮にどう対すればいいのかが、初めて分かる。

本書でわたしはアメリカの「嘘」だけではなく、日本人が誤解しているアメリカの「公正さ」（フェアネス）も正確に分析し、これからさき日本がアメリカとどう接していけばいいのかを、あくまでも具体的に、提示しようと思う。

第一章

アメリカン・スタンダードの正体

アメリカの空港で起きた信じられない本当の話

アメリカを「世界帝国」と揶揄《やゆ》する声をときどき聞く。

しかし事実は、もっと現実的な「世界政府」になろうとしてきたとわたしは考えている。

政府というものは、まず暴力とカネを握っている。きれいな言葉で言えば、安全保障・軍事と経済だ。政治と行政はむしろ、その後からついてくる。

アメリカは地球の暴力とカネを一手に握ろうとしてきた。

わたしはこの言葉をこの本で言いっ放しに書いているのではない。アメリカ政府や軍部の内部にいる人たちに、ワシントンDCのホテルの薄暗いバーで、あるいは政府機関の建物の明るい会議室で、ぶつけてきた。

たいていの人は、ほんの一瞬、言葉を見失う。しかし次の瞬間、ただ一度の例外もなく「イエス」「それは事実さ」という答えが返ってきた。

そして大半の人は、こう言葉を続ける。「それが世界の人々のためだよ。われわれの自由と民主主義、開かれた経済と社会を広めるためなんだからね」

つまり「アメリカン・スタンダード」の伝道者だとおっしゃっている。

日本人は「グローバル・スタンダード」なる言葉を広めたが、それを使う英米人は極めて少ない。そんなもの、存在しないからだ。実在するのはアメリカン・スタンダードだけである。

アメリカ人は、一対一で通訳抜きで話し合うと、自分たちのやっていることを誤魔化さない。

アメリカン・スタンダードこそ世界の幸せだと、まさしく迷いなく言い切って、さぁ、おまえはそれに賛同するのかしないのかとわたしの眼を真っ直ぐに見る。

よろしい。

ではまずわたしが体験したあるエピソードから、アメリカン・スタンダードの実態を考えてみよう。

アメリカの国内線に乗ると、ときに経験することである。

ニューヨークの国内専用空港、ラガーディア空港から小都市に向かうため、アメリカに本社がある航空会社の国内線に乗り込んだときのこと、搭乗が始まり、わたしをふくめ数人が何事もなく機内に入った。

すると最後の搭乗者が妙な顔になった。

わたしの隣に座ったアメリカ人の顔には、ああ、またかという表情が浮かんだ。

なんだかよくわからなかった。

すると、コックピットから機長がぶらぶらとわたしたちの前に現れた。

黒い制服の上衣のボタンをすべて外して、ポケットに右手を突っ込み、左手にパイロットケースを提げ、ガムをくちゃくちゃ噛んでいる。

そして副機長と一緒に、そのまま機外に出ていく。

機長がだらしのない格好を平気で客に見せることが、信じられなかった。

だが、もっと信じられない光景が、さらに襲ってきた。フライト・アテンダント（客室乗務員）に追い立てられるように搭乗口に戻ると、「キャンセル」という表示が、ごく自然なことのように頭上に掛けてある。

この飛行機は飛ばない！

なんということだ。

嵐でも竜巻でも大雪でもないのに、乗客が乗りこんでしまってから、キャンセルとは。

言葉遣いは抑えて、しかし声のボリュームはやや上げて地上係員に聞いた。

「説明もなく、突然キャンセルとは何が起きたんですか」

すると中年女性の係員はこう言った。

「わたしの責任じゃない。おそらくメカニカル・リーズン（技術的な問題）で飛ばなくなったんでしょう」

搭乗口から見えている機体を眺めてから、もう一度言った。「機械に何かトラブルがあったのなら、メカニック関連のスタッフが来て、何かやっているはずだろう。その気配はないよ」

しかし答えはなく、あっという間に、わたしたちは全員、次の便に振り替えられた。

そのためには、搭乗口横のカウンターで搭乗券を換えてもらわねばならない。次の便の乗客は割合たくさんいたから、その乗客と混ざり合って行列に並ぶと、長い列になった。

やっとわたしの順番が来ようとしたとき、目の前のアメリカ人が「やっほー」と声をあげて喜んでいる。三〇歳代の白人だ。

「エコノミークラスだったのにぃ、ビジネスクラスの座席になってる」と叫び、搭乗券を振り回し、それを見ながら若い白人女性の係員は「どう、ラッキーでしょう」と言った。

そしてわたしが、ビジネスクラスのチケットを差し出すと、この若い女性は「あ、ビジネスクラスは今、満席になっちゃった。エコノミークラスに座ってください」

呆れつつ、またか、と思った。アメリカは、国際的な場所とドメスティック（国内）の場所で様変わりする。ドメスティックの場面では、あからさまに白人優先、アフリカ系アメリカ人と黄色人種が不当に差別されることが、当たり前のように起きる。

当然、引き下がらない。ここで変に譲れば、ほかの日本人が旅をなさる時にまた不当な扱いを受ける。「先ほどの客のチケットをわたしに渡すべきだ」と係員に交渉した。

すると、彼女はこう言った。

「もう発券したものは戻せないわよ。差額を払い戻す専門の受付があるからっ、そっちに行ってみて」

わたしは「この飛行機に必ず乗るからね」と一喝して、遙かかなたに見える別の建物に走り、「ビジネスクラスに乗れないから差額を戻せ」と詰め寄った。係員は、いつものようにもたもたと手続きをした。（日本に帰国後、差額分は払い戻された）

息切れしながら搭乗口に戻り、「エコノミーチケットの客がビジネスに乗れて、ビジネスチケットを持っているわたしが乗れないのは、人種差別の可能性がある。あらためて問題にする。差額の払い戻しとは別問題だ」と先ほどの係員に告げた。

すると、係員はマイクを取り、あの幸運の客を呼び出し、ビジネスクラスからまたエコノミーに戻し、この若い白人女性はぷいと横を向いた。発券したものは戻せないのじゃなかったのか。

機内に入ると、幸運を奪われた客がなんと狭いエコノミーの隣席である。

そして彼の方から「さっきはラッキーだと思ったけどね、しょうがないな、あんたの言うことが正しいから」と、けろっと話しかけてきた。

フライトがなくなると客への責任など考えもせず、だらしなく機を去る機長、ほんとうはカラード・ピープル（有色人種）を見下したくてしょうがない女性係員、そしてこの根に持たない陽気な男性客、いずれも見事にアメリカ人なのだ。

この飛行機で着いた小都市で、アメリカ政府の関係者に会ったとき、雑談でこの話をした。

「そもそも、なぜあの飛行機はキャンセルになったのかな。日本では、搭乗が始まってしまった飛行機が突然、飛ばなくなるのは考えられない」

そして、この関係者を含めた人たちとの仕事の話が始まり、わたしはもう忘れていた。

それからほぼ一年後、ワシントンＤＣで再会したこの関係者が「あの飛行機の件、調べてみたよ」と切り出した。

「きみの乗った飛行機は、乗客が少なすぎて飛んでも赤字になると分かったので、飛ばなかったんだ。冷戦が終わってから特にそうだが、我々の国は儲からないとわかると絶対にやらないという国になってしまった。飛行機が飛ばない理由を説明しようとしても、できないから、あえて説明しなかったんだ」

これが世界に冠たるアメリカ経済の実態なのである。

この後も、国内線の飛行機が突然に説明なくキャンセルされる経験を、何度も重ねた。

「この国には、常識もモラルも約束も存在しない。あるのは儲かるか儲からないかの基準だけさ」

事実を調べてくれた政府関係者は、自らの国をそう言っていた。

これがアメリカのありのままの姿である。

平気で約束を破るふつうのアメリカ人

二〇〇三年一月、ワシントンDCを訪れたあとにサンフランシスコへ回った。仕事の性質上、アメリカはワシントンとニューヨークのある東海岸ばかり訪れているから、西海岸へ来るのは二〇年ぶりだった。

冬のシスコは雨が多く、空港に降り立ったときも曇り空だった。

それでもカリフォルニアの光は、東海岸とは別世界の光だ。眼から心の底に沁みてくるような不思議な明るさがあった。

翌朝早く、大学教授や政府関係者、あるいは司法界の人と会う日程をチェックしていて、午前にわずかな時間の隙間があるのを見つけた。

よし、湾内クルージングに出かけよう。ゴールデンゲイト・ブリッジをくぐった記憶がある。あの美しい橋の下から空を見あげて、光をたっぷりと感じてみたい。

シスコ名物のケーブルカーで行きたいが、時間がないから残念ながら、ある政府系機関からタクシーを飛ばした。

かもめの鳴き声のなかでタクシーを降り、ホテルで買ったチケットを手に桟橋へ急いだ。

桟橋には、四人しか並んでいない。

悪い予感がした。

案の定、出港時刻が過ぎても乗船口のロープは解かれない。

ブルーとゴールドに塗り分けられた古びた遊覧船のなかでは、クルーたちが所在なげに雑談している。

一〇分ほどが過ぎたころ、アフリカ系アメリカ人がのっそりと船から降りてきた。二メートルは超えているだろう、その頭から、たった一言が落ちてきた。

「CANCELED（キャンセル）！」

ああ、またか。海よ、おまえもか。

アメリカ人らしい四人の先客は、ぼんやりと黙っている。

わたしはアメリカ人でなく日本人だ。

「なにがキャンセルだ。わたしたちはチケットを持っていてずっと待っているじゃないか」

するとアフリカ系アメリカ人はこう言った。

「そうはいってもこの人数じゃ、乗せても儲からないんだよ」

「それは理由にならない。きみたちの勝手な都合だ。わたしたちはこうやってチケットを持っているんだぞ」

「わかったわかった。チケット払い戻しの窓口がさ、この港のどっかにはきっとあるからさ、そこに行ってみてくれ。もしもまた船に乗りたいのなら二時間後にもう一度来てみてくれ。乗れるかもしれないから」

「いや。そういう問題じゃない。わたしは仕事の約束のあいまに、この船に乗ろうと急いでやってきたんだ。チケットは人間同士の約束なんだよ。約束があって物事が決まるのに、なんでアメリカ人は平気で約束を破るんだ。きちんと説明してみなさい」

するとアフリカ系アメリカ人は、けろりと、こう言った。

「たしかにあんたの言うとおりだ」

そして彼は、わたしたち五人を残して、口笛を吹きながら去っていった。

気がつくと、船内のクルーはもう誰もいない。わたしは、どうやらアメリカの田舎から観光に来ているらしい四人を促して、一緒に払い戻し窓口を探し回り、やっとのことで見つけ出して全員のチケットをお金に換えた。

わたしたちは、別の船会社に行ってみた。

次の仕事の約束にどうにか間に合う出港時刻の船がある。

こんどは赤と白に塗り分けられた船が停泊し、かなりの乗客が出港を待っていた。

つまり、こいつなら儲かるからきっと出航するんだろう。

この言葉を、桟橋の係員にそのまま告げた。アフリカ系アメリカ人の巨大なおばさんは、天女のようににっこり笑い、「ああ、そのとおり、出航するよ」

おいおい、ヘンな質問だと思ってくれよ。

やっと始まったクルージングで、見あげたゴールデンゲイト・ブリッジは赤茶けて古ぼけていた。

しかし、なぜか美しい。壮大な吊り橋が、まるでアンティークのようなシルエットを持つ橋脚に釣り下げられている。

わたしと一緒に乗船し、一緒に見あげていた若いアメリカ人夫婦は、はにかんだようにわたしを見て、「ありがとう」と言った。

テキサス訛《なま》りに聞こえた。ブッシュ大統領のふるさとだ。

その日の夜、アメリカの軍部高官と食事をしながら、このクルージングの話をし、アメリカの拝金主義を批判した。

「いつかあなたの国の経済はつまずきますよ。約束なき経済に、未来はないんじゃないかな」

だが彼はこう言った。

「そんなことはない。アメリカを中心に世界は一つの市場になりつつある。物の売り買いだけでなく。たとえばだ、低賃金の労働は中国といったように、雇用や労働にいたるまで一つの世界におさまって商売をするようになる。そのなかで日本だけが過去の栄光にすがってばかりいるから、孤立して取り残されようとしているんだ」

反論は、この本の後半で展開するから、ここはあなたもぐっとこらえて、次に進んでもらいたい。

第二章

なぜアメリカはブッシュを選んだのか

「アメリカは馬鹿だ」と笑って、考えることをやめてはいけない

ここであなたに、質問をひとつ。

『アメリカを世界で一番、嫌っている国はどこでしょうか？』

北朝鮮？　いや、嫌っているように見せかけて本当は、すがりついてる。

中国？　中国人の憧れはずばり美国、日本語で言えば米国です。憧れているから中国語では美しの国と呼ぶ。

イラク？　嫌っているのは独裁者とその取り巻きであって、民衆は意外にアメリカの自由も、繁栄も大好きです。

いちばん嫌いなのはカナダです。

日本と韓国、インドとパキスタン、イランとイラク、タイとカンボジア——国境を接する隣の国同士は、古今東西、哀しいことに反発しあうことが多い。

こうした国々と比べてカナダとアメリカは、表面的には嫌悪の感情が目立たない。

しかし実際にカナダ人と付き合うと、彼らは心を許すにしたがって、驚くほど激しいアメリカへの憎悪を口にする。

一つはカナダが、日本以上にアメリカの属国のようであることも大きい。カナダはもともと英連邦の一員だったことや、フランス系国民が住む地域もあることで、アメリカよりヨーロッパの価値観に親近感を持っている。カウボーイよりクイーン、ニューヨークよりパリが好きなのだ。

ところが国の根幹である安全保障は、事実上、アメリカ軍に守ってもらっている。カナダ軍は国連平和維持活動に深く貢献して士気を保っているが、肝心の国防は実質的にアメリカ軍の一部隊になっている現実がある。

このごろ、そのカナダ人と話していると必ずと言っていいほど飛び出す言葉がある。

「ブッシュはモンキーだ」

たいていのカナダ人は、そこで口をつぐんで片目をつぶり、皮肉っぽい複雑な表情を浮かべる。

しかしある政府関係者は「モンキーを大統領に選んだアメリカは、猿の惑星もびっくりの猿の国だ。ね、アオヤマ」とまで言って、あからさまな侮蔑《ぶべつ》の顔をした。

だがわたしは「それは違うんじゃないかな」と応えた。

たしかにブッシュ大統領は、そもそも誕生からして重大すぎる疑問がある。

アメリカの民主主義の根っこ、大統領選で、フロリダ州をはじめ各地で票を実質的にごまかした疑惑がもたれ、アメリカ国民は共和党員をふくめ、実に多くのひとが「偽の勝利だ」と感づいている。

ほんとうの勝者はゴアだ。こう明記した本が大統領選から二年以上も過ぎた今でも、アメリカで続々とベストセラーになっている。

アメリカは、アジアやアフリカ、それにラテン・アメリカ諸国の選挙に「不正の疑いがある」と、国連を巻き込んで干渉を重ねてきたのだから、笑うに笑えないブラック・ジョークである。

だが「だからアメリカはひどいのだ、馬鹿なのだ」と考えるのをやめてしまうと、大切なことを見誤る。

ここから先へ考えていくことが、日本の再生の鍵を見つけることにも繋《つな》がる。アメリカのこれからの大統領選が分かるテコにもなる。じっくりと掘り下げよう。

繁栄経済をリードしたゴアはブッシュに圧勝するはずだった

共和党のブッシュ政権が誕生するまえ、民主党政権がクリントン大統領のもと八年間続き、そのあいだアメリカは「奇跡の九〇年代」と呼ばれる繁栄を楽しんできた。

かつて共和党のレーガン政権時代は「双子の赤字」とされた財政と貿易の赤字が膨らみ、アメリカは没落し崩壊するローマ帝国だと皮肉られた。

その当時、日本は「ジャパンアズNO．1」とアメリカ人学者、ヴォーゲルさんに絶賛され、世界中の企業が日本企業に学ぼうとしていた。

ところが、クリントン政権は、それを一変させた。

「経済も外交も苦手でラブ・アフェアと個人的借金だけが得意」とも言われたクリントンさんだが、強運にも恵まれ、ＩＴ（情報技術）産業の加速度のついた発展を活かしきってアメリカ経済の空前の盛り返しを果たし、とうとう九〇年代をアメリカの一〇年にしてしまった。

ゴアさんは、この「繁栄政権」を副大統領として支えた。それも単なる飾りものの副大統領ではなく、そもそも「ＩＴをやろう。ＩＴこそアメリカを蘇らせる」と提案したのは、クリントン大統領ではなくゴア副大統領だった。

ゴア副大統領が「情報ハイウェイ」構想を打ち出して、広大なアメリカ全土をインターネットを最大限活用しながら情報ネットワークで結び、さらにそれを基盤に世界の情報すべてをアメリカに結びつけることを始めたからこそ、奇跡の繁栄が生まれた。

もちろん「情報ハイウェイ構想はメイド・バイ・ゴアじゃない。学者がつくったものをゴアが自分の手柄のように言っているだけだ」とわたしに指摘した民主党幹部もいる。

しかしポイントは、そこにない。

アメリカの有権者が「ゴアの構想だ」と今もなお、考えていることがポイントだ。

すなわち、大統領選挙ではゴア副大統領が必ず圧勝するはずだった。

アメリカだけじゃない、日本でもヨーロッパでも国民に経済的繁栄、好景気をもたらした政権は、必ず選挙に勝つ。

逆に、経済政策に問題がありそうだと、必ず負ける。

ブッシュ現大統領のお父さんのブッシュ元大統領は、一九九一年の湾岸戦争に圧勝し「ベトナム戦争に負けたアメリカ人の深い傷をついに癒した」と国内で絶賛され九割を大きく超える空前の支持率を獲得したが、経済に陰りが出ただけで、大統領選でクリントン候補に完敗したのだ。

だからゴアが負けるはずはなかった。

ブッシュ候補は、たしかに顔はお猿さんに似ているが、ゴアは伝統的な男前である。

ブッシュは外交上の焦点になっていた国の首相の名前も言えなかったが、ゴアはキャピトル・ヒル（アメリカ議会）きっての知性派だ。

ブッシュはアルコール中毒の過去があると言われたり、テキサスの中小石油業者との黒い癒着がかねてから指摘されていたが、ゴアは品行方正、カネも含めてスキャンダルは少なかった。

ゴアが勝つのは当たり前、歴史的な大勝、地滑り的な完全勝利が予測された。

マスメディアも、ゴア勝利を明らかに確信した報道一色だった。

ところがアメリカの有権者、ふつうのアメリカ人たちの判断は、ゴアの勝利ムードにもマスメディアの大合唱にも惑わされず、およそ半分が猿顔のブッシュ候補に投票したのである。

ゴア副大統領は、接戦となった段階で、すでに敗北だったのだ。

予測通りの圧勝であれば、ブッシュ陣営がこざかしい不正、たとえば海外にいる米兵には共和党支持が多いからと期限を過ぎた不在者投票も有効にしてしまったようなチマチマとした票稼ぎなど、何の関係もなかった。

ゴア陣営は当初、不正選挙を激しく攻撃していたのに、途中で陣営に「接戦にしてしまったのが悪い」という雰囲気が満ちていたからだ。陣営全体に深い敗北感が広まって、とうとうゴア本人も諦《あきら》めざるを得なかった。

ではなぜ、紙一重もないような接戦にもつれこんだのだろうか。

もう一度、言う。

ハムサムなゴアと、

猿顔のブッシュ。

新しい繁栄経済をリードするゴアと、
新聞も読んでなさそうなブッシュ。
品行方正、スキャンダル知らずのゴアと、
元アル中?で石油業者と癒着のブッシュ。
空前の繁栄をもたらしている民主党と、
双子の赤字をつくってしまった共和党。
このあまりにも優劣がはっきりして見える二つの陣営が、五分五分になった不思議は「アメリカはなぜ、世界政府の座を手にできたのか」の謎解きに直結する。
あなたもぜひ推測してみてほしい。

アメリカ国民がブッシュを大統領に選んだ本当の理由

わたしは、答えはただ一つしかないと考えている。
それは『アメリカ国民は、ブッシュをリスク（危険性）を独りで引き受ける男だと見抜き、ゴアは他人のせいにしかねない男だと感じた』ことだ。

みなさん、大統領に就任したブッシュという男が、問題や失敗を人のせいにするのを見たことがありますか？

スペースシャトル「コロンビア」号が空中分解したのも、サダム・フセインが独裁政権を維持しているのも、北朝鮮が核を保有しているのも全部、俺の責任だ、だから俺がなんとかする！

ブッシュはこう思い、こう演説し、良かれ悪しかれ、こう行動している。

ブッシュは、なにがなくとも、絶対にリスクから逃げないという強烈なリーダーの資質だけは持っている。ゴアにはそれだけが無い。

そして、全部のリスクを自分一人で引き受ける人間こそ、ハイパー超大国アメリカが必要としているトップなのだ。

なぜなら移民が新大陸に築いた国アメリカには、天皇陛下も女王もいない。

リーダーが全部を被るしかない。責任は分散できない、誤魔化せない。

そして冷戦に勝って唯一の超大国となったアメリカには、「あいつらのせいだ。あの連中が悪い」と言えるソ連はもういない。

なんともはや、アメリカのリーダーは世界中のリスクを一人で被るという、人類史上かつて求められたことのない存在に変質している。

もちろん、これはアメリカが勝手にそうなったのであって、日本人が頼んだのでも誰が頼んだのでもない。

わたしが述べているのは、『世界にほんとうに必要なリーダーとはどんな人か』ではなく『もっと一人勝ちしたいアメリカ人にとって必要なリーダーとは誰か』ということだ。

アメリカの有権者のなかには、高い教育を受けていない人も数多い。日本のように、子供が当たり前のように大学に行かせてもらえる社会ではない。

民主党の支持率が高いアフリカ系アメリカ人、そのなかでも低所得層の投票権を、ブッシュ陣営が汚い手段（軽微な犯罪歴を問題にしたり、犯罪歴をでっち上げる）で奪ったという指摘はある。

しかし、それはあくまで一部であって、全体としては日本の有権者よりずっと低学歴、低所得層が多いのがアメリカの現実だ。

しかし、この直感力の確かさはどうだろうか。

猿顔ブッシュのたった一つの美点とは何か、知的エリート、ゴアのたった一つの疑問点とは何か、そして新しいリーダーがアメリカのスーパー・パワーを維持するためには、どんな美点こそ必要で、どんな弱点こそ問題かを、誰にも惑わされずに見抜いていた。


みなさん。

ここがアメリカと日本の第一の違いなのだ。

日本が駄目でアメリカが素晴らしいと言っているのではない。

日本は古い国だ。

たとえば邪馬台国《やまたいこく》の卑弥呼《ひみこ》が魏《ぎ》へ使者を送ったのが紀元二三九年だから一七六四年も経っている。神武《じんむ》天皇の即位という神話まで入れれば紀元二〇〇三年、平成一五年は建国二六六三年になる。

気がついたら天皇陛下のご存在が確立していたし、いつの間にか税金を取られるようになっていた。古すぎて、曖昧にならざるを得ない。

だが、アメリカは建国（独立宣言）が紀元一七七六年、たったの二二七年しか経っていない。

カウボーイたちが集まって「牧場のあの塀をどうしようか」、「一人一ドルずつ出そうか」と相談して、みんなで税金という制度を始めた。「お上」（おかみ）が始めたのじゃない。

何もかも、いきさつや始まりがはっきりしているから、責任もはっきりせざるを得ない。

古きも古い国、日本には、みごとなまでに責任を分散する癖が、国と社会全体に染みついている。

小泉純一郎首相が現れるまで、次から次へと首相が短いあいだに辞めていった。しかし、みなさんよく考えてほしい。

それは責任をとったのではない。責任をもやもや、曖昧にしただけだ。

その証拠に、たとえば小泉さんのまえ、森喜朗首相を考えてみよう。

水産高校の実習船「えひめ丸」がアメリカ海軍の原子力潜水艦「グリーンビル」にぶつけられて沈み、たくさんの高校生たちがハワイ沖で海に呑まれて若い命を落としたとき、この首相は、事故の一報を聞きながらゴルフを続けていた。

もともと危機管理の乏しさが問われていた森首相は、これで致命的に追いつめられて辞任した。日本の長い歴史のなかでも、もっとも恥ずべき理由で地位を追われたリーダーの一人だろう。

ところが、首相を辞めただけで「もう済んだ」とばかり森さんは、小泉首相にああしろ、こうしろとしきりに介入し、首相の専権事項の衆院解散をいつやるかまで「俺が決める」と言わんばかりだ。

ほんとうに責任を取ったのなら、代議士も辞めて国会を去るだろう。

首相ぐらいは辞めないと、自民党にひしめくいろいろなボスにも迷惑が及ぶから、とりあえず首相の座は譲って責任を散らしただけなのである。

それに、首相がどんどん辞めても、社会はちっとも揺るがない。天皇陛下がいささかも揺るがずにいらっしゃるという事実が、背景にあるからだ。

しかし、その天皇陛下は憲法によって、実質的な責任を負うことを、むしろすべて禁じられている。

アメリカが作った今の憲法だけではない。明治憲法下でも、天皇陛下は軍の統帥権を持つとされながら具体的な権限と、それとセットになる責任が明記されていなかったから、軍を動かす責任は帝国陸軍や帝国海軍や内閣やらに、ちりぢりばらばらに曖昧に分散されていた。

だから昭和天皇は、あれほど実際には日米開戦に反対されたのに、戦争を止められることができなかったし、開戦して膨大な若者を戦場に送りながらなお、誰が戦争の最終責任を負うのかが本当には定まっていなかった。

アメリカが求めるリーダーの資質とは？

さて、いま中東へ大軍を展開したブッシュ大統領を考えてみよう。

一切の最終責任がブッシュ大統領にあることは、隅から隅まで明確だし、もしも戦争の結果がアメリカの国益にとって悪かったときに、ブッシュさんが大統領は辞めても隠然と影響力を行使しようとして、誰からも非難されない、などということは絶対にあり得ない。

ブッシュさんは大統領になるまで、驚くべきことに、呆れることに、海外にほとんど行ったことがなかった。中国に一度、夫婦のプライベート旅行で遊びに出かけたぐらいだと言われている。

海外どころかアメリカ国内でも、生まれ故郷のテキサスの外にほとんど出かけたことがなかったとされている。

わたしは、ワシントンDCのホワイトハウスにほど近いレストランで、アメリカのエリート外交官にこれを聞いたとき、思わず「そんな人が世界のどこにでも軍隊を送る？ 世界のどこにでも届く核ミサイルのボタンを押せる？　ちょっと待ってくださいよ」と大きな声を出してしまった。

しかし外交官は慌てず騒がず、まず「待つ必要はないね」と笑い、平然と言い放った。

「テキサスはブッシュにとって天国なんだ。ディープ・サウス（アメリカ深南部）の人間はみんなそうさ。ブッシュが典型的アメリカ人の一人という証拠にはなっても、戦争や外交ができないという証拠にはならないよ、この国では」

わたしも、おおいに憤慨した、このときは。

しかし、その後のブッシュ大統領を見ながら、よく考えていくと、外交官がこの会食の最後に言い残したひとことの意味が次第に分かってきた。

「アオヤマさん、きみの国と、アメリカはリーダーに求めるものが違うんだよ」

確かに。

日本で大統領選挙をやったなら、きっとゴアが圧勝しただろう。

ゴアさんの「ひょっとしたらこの人、何かマズくなると人のせいにするかも知れない」という雰囲気は、日本ではまず問題にならない。そんな人はゴロゴロいるし、そんな人でなければ会社でも役所でもエラくなれなかったりするからだ。

反面でブッシュさんを見たときに、「こいつはリスクと責任だけは自分であくまで引き取る男だ」なんて、気がつかない。

ひとびとは「猿面《づら》ね」とささやき合い、マスメディアは、言い間違い？の癖（カナダとメキシコに国境紛争はなかった、と言ったりする。カナダとメキシコの間にアメリカが挟まっているのだから、両国に国境線はない)、あるいは過去のアルコール中毒問題などをニュースからワイドショーまで連日連夜、徹底的にそれだけを攻撃し続けて、たぶん大統領選の候補にすらなれなかっただろう。

オーストラリアの国防省を訪ねたとき、高官から「これからはわれわれ新大陸の時代だ。日本やイギリスのように古いしがらみがない。カウボーイの子孫と、囚人の子孫、どちらも失うものがないところから新しく始めた国の勝ちさ」と言われた。

オーストラリアは、イギリスから島流しならぬ「大陸流し」された囚人たちが、造った国である。

いったん、この高官に「おお、なるほど」と頷《うなず》いた。

しかし、やっぱり「ちょっと待て」なのだ。

「われわれは古い国だけに、学ぶことを知っているよ。きみたち新大陸派の良いところも悪いところも、嘘も公正さも、邪悪さも正義も、みんな公平に学んでいけば、日本は蘇る」と、実はその場で一生懸命に考えながら、前からそう思っていたかのように胸を張って応えた。

まるで（ほんとうに）カンガルーのように首の長いこの高官は、ふふんと鼻を鳴らして「そんなことが、できるかね」と聞いた。

鼻は鳴らしても、眼は真剣だった。

できるかも。あるいは、きっとやってみせる。

我田引水ではなく、たとえば、この本がその試みだ。

冒頭に書いた、一六歳の男子高校生がわたしに電子メールで聞いてきた言葉、「なんでアメリカって、こんなに身勝手なんですか？」を見たとき、脳裏に最初に浮かんだのは、オーストラリアの首都キャンベラの明るい陽光を浴びた国防省のビルだった。その一室で交わした、高官との会話だった。

アメリカの身勝手もフェアネス（公正さ）も、闇も光も、しっかりと見分けられる視力をわたしたち日本人が持てば、ジパングはきっと再生する。

第三章

民《みん》の値打ちを知ろう

アメリカにあって、日本にないものとは？

アメリカ人は最初から何でもみんなの手作りで、良くも悪くもそこから民主主義が始まっている。

わたしたち日本人はそこをもう一度考えよう。

ほとんどの制度や慣習が「気がついたら出来上がっていた」ことを強い意志を持って見直し、「税金を何に使うか」「愛する人や友だちをどう守るか」をはじめ、いちばん大切なことをわたしたち有権者の手に取り戻し、その手で手作りする。

構造改革というとピンとこないが、実は「手作りに変える」ことである。

もう一つ、アメリカ人はリーダーに期待することが、はっきりしていてシンプルだ。

リスクを自分一人で背負えるリーダーなら、必ず決断力がある。

そうでないリーダーなら、たちまちカウボーイたちは先住民（ネイティヴ・アメリカン）との戦いに敗れ、命の糧の牛を失い、死に直面したからだ。

古い国の住民が、このようなワン・コンセプト（一つの思い）に気持ちを集中させるのは簡単ではない。しかし、やるしかない。

こう考えれば、この時代に小泉純一郎という首相を選んだのは言われるよりずっと正しかったことが分かる。

欠点も多い小泉さんだが、歴代の日本の総理の中では少数派として自分でリスクを取った人だ。

北朝鮮の平壌《ピョンヤン》には、それまでのどの首相も自ら行くリスクを拾わずに、必ず「代理」を行かせていた。自分で行って成果がなければ重大な失点になることを恐れたのだ。

だから竹下登総理（当時）の代理役の金丸信副総理（当時）が勝手に「戦前だけではなく戦後についても補償する」などというデタラメな約束をしてきたり、野中広務・元自民党幹事長らが拉致被害者を「行方不明者」にすり替えてしまったり、ということが起きた。

わたしは共同通信政治部の記者時代に、この金丸さんが北朝鮮から日本へ帰国したときの記者会見に出席した。

羽田空港そばのホテルで、金丸さんは老いた眼に涙を浮かべて「北朝鮮は素晴らしい国だ。あのマスゲームを見ろ」と叫ぶように語り続け、会見場は異様な空気が支配した。まるで「日本人は総懺悔《ざんげ》をして、北朝鮮にお教えいただいて、まともな愛国者に変われ」と老人から強圧的に説教されているような雰囲気だ。

わたしは「マスゲームはむしろ、全体主義、ファシズムの表れじゃないですか」と質問しようとしたし、「戦後補償とは、一体なんですか」と聞こうとした他社の社会部記者もいた。

しかしわたしは、金丸さんの「側近記者」であった先輩に背広の袖を引っ張られて、激しい怒りの眼と「やめとけ」の低く強いささやき声で質問を阻止された。

最近はいくらかマシになったが、当時は派閥記者と側近記者の全盛時代だった。わたしはまだ若手記者であり、しかも金丸さんの派閥担当ではなく応援取材に派遣されただけだったから、諦めるほかなかった。

社会部記者の質問は「何を聞いとるんだ」という金丸さん本人と、同行した取り巻き政治家の声にかき消された。

諦めるほかなかったと書いたが、わたしはその日からきょうまでずっと諦めたことを恥じている。

小泉さんは、こうした「代理人」を平壌に行かせず、自分で行った。

しかし、わたしは二〇〇二年九月一七日の日朝首脳会談や平壌宣言を支持はしていない。

小泉さんは、金正日総書記が「拉致被害者の多くが死んでいる」とろくに状況も説明せずに言ったときに、「これでは平壌宣言に署名するわけにいかない」と告げるべきだった。

当然、金正日総書記の顔色が変わる。

そこへすかさず、「しかし日朝首脳会談を打ち切るのではない。いったん休憩とし、今度はあなたが東京へ来てください。そこで首脳会談の後半をやり、この拉致被害者の死亡問題を含めて、話し合いましょう。そもそも首脳会談とは、互いにイーブンで交流することだから、ごく自然なことだ」と持ち出せばよかった。

金正日総書記は、韓国の金大中大統領（当時）と平壌で会談したが、「今度はわたしがソウルを訪問する」という約束を平然と黙殺し、反古にしてしまった。それが、やりくちなのだ。韓国も日本もトップが平壌に呼びつけられているように北朝鮮の軍と国民に見せるのが狙いだ。

「東京で後半戦を」と呼びかければ、そのたくらみに、痛撃を加えることができた。「拉致問題はもう終わった」と北朝鮮が主張することも、おそらくできなかっただろう。

小泉さんには、こうした臨機応変の柔軟さが欠けている。

ブッシュ大統領を笑えないほど政策に暗いことと、そのためにどうしても官僚に頼ることが原因だ。

平壌宣言には拉致被害者全員の帰国をはじめ拉致問題の全面解決も工作船の活動停止も明記されていない。疑問を突きつけられるたび、「じゃあ、あのままわたしが席を蹴って立っていたらどうなる。拉致問題も宙に浮いたままじゃないか」と顔色を変えて反論するが、間違っている。

北朝鮮と日本の外務官僚がつくった宣言案をそのまま受け入れるのでもなく、「東京で後半戦をやりましょう」と提案する、第三の道があった。

しかし、それでも、小泉さんがリスクを背負って自ら平壌に行き、金正日総書記と直接、会談した意味は、色あせない。

北朝鮮が経済危機に追い込まれて、日本のカネがどうしても欲しかったという事情はある。だが、小泉さん本人が行かなかったら拉致をやりましたと金正日総書記本人が認めることはなかっただろう。被害者五人の帰国もなかっただろう。

そして、小泉さんはとにもかくにも、平壌行きによって、これまでの責任回避型のリーダー像を変えた。

「日本が世界に存在感を示すのはカネの話だけ。それ以外では何をしているのか世界の誰も知らない」のが戦後日本の姿だったが、小泉さんが初めて外交や政治の分野で世界を驚かせた。

だからアメリカ人のようにリーダーにワン・コンセプトだけを求めるのであれば、小泉さんへの見方、評価は変わる。

確かに、小泉さんは複雑な日本社会からすれば「ワン・コンセプトしかない困ったリーダー」となってしまう。

貴乃花に「感動した」と言葉というより叫びだけで呼びかけたように、「接続詞でつなぐことのない、不可思議な日本語」しか話せない。

永遠にこの人がリーダーでは困る。日本はアメリカではないからだ。

しかし変革期には、劇薬が必要だ。

それも日本のような古い国を変えるには、その劇薬を短期間だけ使うのではなくて、我慢して長く使い、全身に効かせる必要がある。

ある会合で、この話をしたとき、名のある評論家が「アメリカ人はブッシュ大統領を自分で選んだけど、小泉さんは、そうじゃない。自民党大会で総裁に選ばれたし、そのあとの国会での首班指名も国民からすれば間接選挙だし、第一、首班指名は実質的に単なるセレモニーで自民党大会で本当は決まっていたのだから、駄目だ」とおっしゃった。

非礼を承知で、「それは俗論ではないでしょうか」と応えた。

自民党大会も国会の首班指名も、国民の意思を強く感じながら、大勢が決まっていったし、首相になってからの小泉さんを支えているのは、落ちたとは言っても歴代首相よりは高い国民の支持率だ。

評論家のおっしゃった言葉には、「何もかもアメリカとソックリにならないと改革じゃない」という固定観念が知らず知らずに込められている。

頭の中だけで話を作って口に出すから、こんな空しい、しかも失礼ながら有害な主張になってしまう。

世に発言するには、あくまで民間人の立場を守りつつ政府の政策決定に関与し、そのなかで主張を考えていく「民《みん》」が必要だ。

これが「官」と「民」の新しいあり方だし、アメリカは、この「官と民の関係」を実行してきたからこそ世界政府になれる。

日本をアメリカにするのではない。

アメリカの方法論の一番よいところだけを正確に抜き取って、それを古い日本社会にぐっさりと刺す。

その衝撃によって、変わるきっかけを掴《つか》み、掴んだらむしろ日本の伝統から良いところを、もう一度探り当てるのだ。

古い国には、これをやって成功した先例がある。

そう、イギリスである。

イギリスはほんとうにアメリカの飼い犬なのか？

英国はアメリカと同じキリスト教プロテスタントの国と言いながら、実際の歴史は対照的だ。

アメリカは、プロテスタントのなかでも清教徒、ピューリタンという「変わり者」、今風に言えば原理主義に近いような厳密な立場を取る人々が、イギリスに居づらくなって船で脱出して造った国である。

ところがイギリスは、そもそもカトリックから離反した理由が、好色な国王が愛人を奥さんにしたくて、離婚を認めないローマン・カトリック教会と絶縁してイギリス国教会をつくったことだった。

高邁《こうまい》な理想があってつくったのではなく、現世の利益を追求するために創設したのだから、英国のプロテスタントは米国のプロテスタントとは大違いの「むにゃむにゃ流」と言ってもいい。

日本の宗教が、神道も仏教もごちゃ混ぜのむにゃむにゃ流なのと、ある点では似ている。

イギリスを歩くと、アメリカより日本に似ている点をたくさん見つけることができる。

もちろん、アメリカにはない王室がある。

王室があるから、アメリカのような大統領制ではなく、日本と同じ議院内閣制である。

だからリーダーは、アメリカ人のように直接、選ぶのではなく、日本と同じように間接的に選ぶ。

アメリカのように砂漠を抱えた大陸ではなく、日本と同じく湿気のある島国である。

ロンドンのタクシーは、がらくたを移民が走らせているニューヨークのタクシーと違って、個人のロンドンっ子がきれいに掃除して走らせている。東京の個人タクシーと、よく似ている。

わたしがこう言うと「英国通」を自認する自民党の元閣僚が「それは日本がイギリスを真似ているだけで、イギリス人が聞いたら笑うよ」と言った。

「いや、そんなに単純な歴史じゃないでしょ。地政学的に似ているから、お互い絡み合うように似てくるんではないでしょうか」と応えた。

元閣僚は「そんなこと言ったって、どう見てもイギリスのほうが高級だよ」と本音を口に出した。本音がときどき飛び出すから、この人は自民党の古手政治家にしては悪い人ではない。

わたしが「ノルマン人がブリテン島に本格的に上陸してきたのが、一〇六六年。つまり海賊が陸に上がっただけですよね。それとあまり変わらない時代にこの国では、紫式部が源氏物語を書いていたんですよ。卑屈になる必要はないんじゃないですか」と話すと、元閣僚は「そうか、なるほど。宮中のみやびなる恋愛物語を日本人が書いたり読んだりしていた時代に、イギリスでは海賊が陸に上がったばっかりか」と嬉しそうな顔になった。

そのイギリス人はサッチャーという、アメリカ人も驚くようなワン・コンセプト型リーダーを選んで、その刃をぐさりと古い社会に突き刺した。

サッチャーは「働かざる者食うべからず」というたった一つの信念を、真っ直ぐに長いあいだ貫き通して、英国病の荒療治に成功したのである。

小泉さんとサッチャーを同列にするのは、さすがに気が引ける。サッチャーはワン・

コンセプト型のリーダーとは言っても政策通であった。

だが、こう考えてほしい。

アメリカの人口のだいたい半分が、日本だ。その半分がイギリスなのだ。

国土も、狭い狭いと自分でいつも言っている日本より、なお狭い。日本の三分の二ほどしかない。

それでも国際社会での発言権、存在感の確かさはどうだろうか。

この本は、アメリカの嘘を突きつつ、汲み取るところは汲み取ろうという本だが、ついでに「アメリカという異分子を自らの中から生んでしまったイギリス」も、しっかりと見据えたい。

そうすれば、よけいにアメリカの真実の姿が、はっきり見えてくるからだ。

イギリスはイラク攻撃をあくまで支持して、ブレア首相が「ブッシュ大統領の飼い犬」と呼ばれたりしているが、そんな通説に簡単に耳を傾けるより、この本の読者は、この本のヒントを手がかりに自分の頭で考えてみてほしい。

ブレアが飼い犬なのか、それともブレアが実は犬の飼い主なのか。

フランスやドイツがイラク攻撃をめぐって反対すればするほど、アメリカはイギリスに頼らざるを得なくなる。イギリスの存在感は、ぼろくそに言われつつ実はリアルな国際関係では、高まっている。

人口も領土も小さなイギリスが、他の手段でこうまで存在を主張できるだろうか。こう見れば、ブッシュ大統領のアメリカという、人によっては「狂犬」と呼ぶほど噛みつき癖のある闘犬を、小柄な身体でみごとに縄を引き、操っているのが、ブレア首相のイギリスであることが分かってくる。

通説に頼らず、自分の頭で考えることはこれほど面白いことなのです。

さあ、もっと、それをこの本でやっていきましょう。

第四章

日本が誤解しているアメリカの「公正さ」

なぜアメリカは世界政府になれたのか?

アメリカは世界政府として一体何をしようとしてきたのか。

それを把握するには「敵を知り己を知れば百戦危うからず」と孫子が言うように、なぜ彼らが勝てるのかを考えてみるのが第一の策になる。

それが、この本の基本コンセプトであり、アメリカの「同盟国」日本だからこそ、今ほんとうに大切なことだ。

世界の歴史を大づかみで考えると、カオスの歴史と覇権国家が登場した歴史が混在している。

リーダー国家がいたときのほうが史書が多く残っているから印象に強いが、カオスの時代もたしかに存在していた。

だが、これからはカオスの時代は二度と訪れない。

情報と通信と運輸をめぐるテクノロジーの圧倒的な進化によって市場も生活も一つのものへ統合されていく。イスラーム世界がいくら反対を唱えてもこの潮流は戻りようがない。

アフガニスタンのイスラーム原理主義政権、タリバーンはテレビを打ち壊して国民を反テクノロジーの原始世界へ連れ戻して、アメリカの覇権を否定しようとした。

テクノロジーの象徴の一つ、ジェット機を思いがけなく破壊兵器に変えて、イスラーム原理主義テロリストがニューヨークの世界貿易センタービルに突入したのも、実はテレビの打ち壊しと同じく、「ハイテクの否定、破壊によってアメリカ的世界を否認する」という発想が土台にある。

イスラーム原理主義テロリストは驚くほど、世界の現状を正確に把握しているとも言える。

しかし、いくら高層ビルを叩き壊し数千人を殺戮《さつりく》しようとも、世界が一つに統合されていく滔々《とうとう》たる流れは、決して押し戻せない。

かつて『世界政府』は、反戦平和の標語のように扱われた。国や文化が違っても、それを乗り越えて世界政府をつくり、戦争をなくそうという発想である。

そんなこと起きるはずもない、と誰もが心の中で感じていた。しかし事実は思いがけないプロセスで進んでいる。

世界政府ができるより先に、世界が、地球が勝手に一つになり始めたのだ。テクノロジーが世界を一つにし、世界は自然に「広大な地球領土を統治する強力な存在」を求め始めた。

ここにアメリカは、いったんは、ぴたりとはまった。

本質的にカウボーイ国家だから、いつまでもどこまでも銃を撃ち続ける軍事国家、ミリタリー大好き国家である。

それが国内では銃社会の悲劇を招き、日本から留学した高校生まで無意味に命を落としている。

しかし外に向かっては、この乱暴な軍事国家であることが、アメリカにとっては幸いしていた。世界は一つになり始めている段階、いわば統合の初期の段階だから当然、軍事力がものを言うからだ。

アメリカにとっては幸運だが、世界の庶民にとってはもちろん不幸だった。

アメリカの市場主義がテロを生む一つの要因

わたしは、アメリカ軍が湾岸地域に空母や歩兵部隊をどんどん増派し、イラク総攻撃を準備している時期に、ワシントンＤＣのポトマック川対岸にあるペンタゴンに近い日本レストランで米軍の高官と会った。

高官は「軍事テクノロジーも凄まじい勢いで進化しているし、アメリカ軍は世界で一番、ＲＭＡ（戦争をめぐる革命）に熱心に取り組んでいるから、あなたの言う、世界の庶民にとっては不幸だというのは間違っている。独裁政権の操る兵士は死ぬが、庶民は死なない」とのたまった。

わたしはアメリカ風うどんにむせてしまった。

「あなたは嘘つきだ」

うどんが口から垂れた哀れな姿で言った。

世界最強の軍隊のエライ人は、そのうどんに視線をあてながら、沈黙した。

「アフガンで一体、何人の庶民を殺したんだ。橋の上を走るバスを破壊して、子供から老人、女性まで殺したこともあったじゃないですか」

「あれは誤爆だ。単なるミスじゃないか」

「じゃ、あのバスにあなたの奥さんが乗っていても、単なるミスですか」

こんな感情を込めた話をして通じる相手ではないとは知っていたが、どうしても言わずにいられなかった。

二人のあいだに沈黙が流れ、わたしはようやくうどんを始末できた。

「だから、テクノロジーも進化の過程だからね。今はミスもあるさ。わたしはこれから来るべき世界の姿の話をしている」

高官は、おまえは専門家だろう、という顔をしながら言った。

「分かっていますよ」とわたしは応え、「だけど、あなたの話にはもう一つ間違いがある」と続けた。

「なんだ、それは」

「独裁者は殺されても仕方がないかも知れない、ひょっとしたら。しかし独裁政権により戦場に送り出された兵士はいくら死んでもかまわないというのは、間違ってる」

「それをわたしが認めたら、わたしは軍人ではなくなる」

「あなたの着ているセーターを見てください」

「おいおい、アオヤマ、どうしたんだ」

「そのセーターがあなたの身体のうえに乗っかるまでに、途上国の人間の手がたくさん動いてる。まず羊を飼って、その毛を刈る男から、始まってる。そんな羊飼いも、独裁者に戦車に乗れと言われたら、どうやっても断れないでしょう。なんで、その哀れな男が殺されて当然なんだ」

「じゃあ、われわれは戦場で、われわれに旧ソ連製の携帯ミサイルを撃ち込んでくる男のどれが、善良な羊飼いで、どれが独裁者の忠犬なのか、どうしたら見抜けるんだ」

「あなたにはご自慢のハイテクノロジーがあるじゃないですか」

これは悪い冗談、いやらしい皮肉。

わたしはすぐに高官に謝った。謝りながら「だから戦場に行くか行かないか、まずその判断をもっと慎重に、丁寧にやるべきではないですか」と言うべきを言った。

「アオヤマ、おまえこそ嘘つきだ。おまえは専門家なんだから、先にやらなきゃやられると知ってるじゃないか」

「いや、わたしは軍事の専門家ではなくて、国家戦略を立案する専門家だ。軍事的視点だけで物事を見たりは、絶対にしない。これまでしてこなかったし、これからも、しない。第一、もしもわたしが単に軍事専門家だったら、あなたが時間を割いてわたしに会うはずはない。軍事を含めたトータルな話を聞きたいから、わたしと会ってるはずだ。先にやらなきゃやられるというのは、あくまで軍人的な考え方だし、一種の固定観念だ。そのときの戦略情勢によっては、先にやろうとしたからやられるケースもあるのだから」

高官は、うつむいて、冷めたうどんをすすった。

アメリカ人は、うどんが伸びるも伸びないも知らないだろうから、まぁいいか。いや、これは一種の差別かな。せっかく日本レストランが好きで、親日家のこの人なんだから、うまいうどんを食べてもらわなきゃ。うどんを食べるのを忘れるような議論をふっかけて悪かったかな。別に高級な議論じゃないけど、ペンタゴンの近くでするには異質な議論だから驚いて、食べるのを忘れていたんだろうな。

頭の中で、そんなことを考えていた。仕事上とても大切な信頼関係のある人に、相手が嫌がる議論を仕掛けてしまったという気持ちが正直、あったから、わたしの気持ちもすこし混乱していた。

高官は、うどんが「うまい」とも「まずい」とも言わずに、「それにしても何で、セーターなんだよ」と言った。

そして、にやりと笑った。

アメリカ人は皮肉抜きで、フレンドリーである。最後までムキになったりするのは意外なほど少ない。

彼に感謝する気持ちを眼に込めながら「たぶん、ふだんのわたしのしゃべり方と違いますよね」と言った。

「ああ、違うね。だけどわたしもたぶん、違っちゃってるだろうから」

日系三世らしい、きれいなウェイトレスに日本茶をふたつ頼んでから、「ただね、セーターを着ているアメリカ人が、羊飼いのことまで考えるようになったら、世界は少し変わると思うな」と言った。

「うーむ」

「戦闘を指揮するときのあなたを、ぼくは知らない。だけど、ふだんのあなたは公平な人だし、思いやりもたいへん、ある。だけど、セーターは自分がカネを払ったんだから、ここにある、自分の上に乗っかってるのが当たり前で、羊飼いとか、その羊の毛をマーケットで買う商人とか、そのあたりから始まる滅茶苦茶に沢山《たくさん》の人のおかげで、ここにあるんだとは全く思わないんじゃないですか」

「思わないね。そんな発想は初めて聞いた」

「それがアメリカの市場主義ですからね。しかしカネを払ったんだから当然だ、他のことは考えなくていいという発想が、テロを生むんです」

「じゃ、日本人はセーターを着ながら、そんな羊飼いのことまで、思うのかい」

「いや、思いませんよ。わたしだって、ふだんいちいちそんなこと考えながらセーターは着ない」

二人して笑った。

「だけども、そういう気持ちがこころの底にあるのか、まるでないのかの違いはあるでしょう」

「ああ、そうかもしれないな、それは」

「わたしは9・11同時多発テロの翌年、二〇〇二年の五月から六月にかけて中東を回ったとき、アルカーイダのようなイスラーム原理主義テロリストが必ずしもイスラーム社会の広い支持を受けている訳じゃないと実感しました。イスラーム国家と言ったって、住んでるのはふつうの生活者ですからね。たくさん物を買ってくれるアメリカ人とは、できれば仲良くしたいと思っている。殺し合いたいとは思っていない。それにアメリカの開放的な感じ、自由も実は多くの人が大好きだ。だけど、カネを払ったんだから、アメリカの欲しい物だけつくれ、オイルだって何だって、アメリカの欲望と都合によって生産しろ、となると、心のなかにテロの芽が生まれるんです」

高官は、この人らしい考え深い眼に戻って、頬に手をあてて考えている。

そして「アオヤマ、すると、日本もこれからまさしくテロの対象だね」と言った。

「その通り。アメリカは、わたしの国をますます自国のシステムの中へ組み入れようとしていますからね」

　そのとき、ペンタゴンの現職ではなく元高官で今は民間シンクタンクにいる旧知の人が近づいてきた。うしろのテーブルにいたらしい。

　わたしと高官に軽く挨拶をして過ぎようとしつつ、「知ってるかい？　ゴアがリタイアしたよ」と言った。

　ゴアがリタイア？

　意味が分からなかった。

　高官も不思議そうな表情で、「ゴアが？」と元高官に聞いたが、彼はそのまま手を挙げて去っていった。

「ゴアが次の大統領選に出るのを辞めたのかな」と言うと、高官は「まさか」と首を振った。「あんな選挙のあとだよ」

　わたしはその意味がよく分かった。誰でも分かる。

　ゴアは、まともに票を集計すれば勝っていた。大統領だった。接戦にもつれ込んだこと自体が敗北ではあったが、とにかく得票率五〇％を超えているわけだ。

しかも民主党内で、ゴアが次も大統領候補だというコンセンサス（合意）が事実上できているような客観情勢だ。だから、将来の有力な大統領候補、ヒラリー上院議員（クリントン前大統領の奥さん）は「次には出ない」と宣言している。大統領選挙から降りる理由がない。

ゴアの不出馬宣言が物語るアメリカの〝凄み〟

わたしはホテルに帰ってから、テレビでそのニュースを見た。CNNでもABCでもNBCでもやっていたが、すべてごく短いニュースだった。ゴア前副大統領は簡潔に「わたしが出ない方が民主党にチャンスがある」とだけ述べて、完全に降りていた。

ニュースは「民主党内でも大きな驚きを持って受け止められている」とは伝えていたが、扱いは冷淡だった。アメリカは、完全に降りた人間には興味を残さない。大袈裟でなく、一瞬だけ、電気に打たれたような感覚を味わった。

凄い。

こんな野党政治家が、他の国にいるだろうか。

ゴアは不正選挙で敗れたあと、自らのエリート臭を薄める努力を続けてきた。

ゴアがほんとうに「いざとなれば、他人にリスクを被せる人」かどうかは分からない。

しかしわたしの知る民主党関係者は「有権者にその印象を与えたことが最大、唯一の敗因だ。党の選挙スタッフは、非公表のレポートの結論を、そうまとめているよ」と話していた。

だからゴアは、ひげを生やしてみたり、わざと崩した服装や表情をして遊説に出てみたり、すべてさんざんな不評に終わったが、涙ぐましい努力を重ねてきた。

ああ、ゴアはきっと、自分はもうイメージを変えられないと悟ったんだな。それで誰にも相談しないで、自ら引いたんだ。

そう思った。

思うだけでなく、民主党関係者に電話をしてみた。

呼び出し音が一回鳴るか鳴らないかのうちに出てきた彼は、「本気で驚いてしまったよ」と言った。

「だって、次の大統領選までたった二年足らずしかないんだよ。前の選挙は不正だったというベストセラーが今ごろ出ているんだ。二年後でも、正しい大統領は俺だという主張が充分、通用するよ。それにブッシュ大統領は戦争で失敗するかも知れないし、経済の先行きはもっと怪しい。ゴアが勝てるかも知れないファクター（要素）がてんこ盛りだ」

猛烈な早口でそう言った。

こちらも予想していた内容だったから、聞き取れたようなものだ。

「じゃ、ゴアが降りて民主党は不利になったのかい？　それとも実は歓迎なのかい」と聞いた。

彼は「いい質問をするじゃないか」と言い、急にゆっくりした口調になって「そりゃ歓迎だよ。ゴアは、何をやっても、リスクを被らないかも知れない男、というイメージを変えられそうにない。きっと次も負けただろう。それにこれで、ヒラリーという手ごまを自由に使えるようになる」と答えてくれた。

わたしは「これがアメリカのほんとうの凄みだね」と言った。

「え？　どういう意味だい」

「既に大統領の地位についた人物ならともかく、不正な選挙で落ちた悔しさや、不完全燃焼の思いやらを間違いなく引きずっている野党政治家が、こうまで自分と、有権者の意識を読み切って、自ら降りるなんて、日本でもどこでもまず想像もできない」

「なるほど。それは、そうだろうね。機会があれば、ゴア本人に伝えておくよ」

電話を切りながら、同じ民主党という党名の、日本の野党の菅直人代表の顔を思い浮かべた。

政治記者として、社民連（社会民主連合）にいた頃の菅さんと、すこしだけ付き合ったことがある。いつも眠そうな眼をしていたが、どんなときにも一生懸命の人だった。ところが鳩山由紀夫さんを追い落として代表に返り咲いたあとの菅さんは、急に顔が偽善家のそれになった。

特に、国会で小泉さんを挑発し「（公約破りなんて）大したことない」と言わせてからの菅さんは、そうだ。

小泉首相が実際に言おうとしたのは「公約破りなんて」ではなく、「公約した中身の大半は実現しているのだから、実現していない部分はそう大したことはない」ということだ。

たとえば「八月一五日に靖国神社に参拝する」という公約は、日付は違ってもとにかく参拝を続けているじゃないか、中国の江沢民国家主席があからさまに内政干渉しても続けているじゃないか、という意志だ。

それを菅さんは、公約破り自体が大したことないと首相が言ったかのようにフレームアップして、得意満面だ。

もちろん、小泉さんが「公約の部分破りなら大したことはない」と言ったとしても、首相としては無責任な発言だし、それに靖国はともかく構造改革の公約がまだ全く成果が見えないのだから、悪いのは菅さんではなく小泉さんだ。

しかし、菅さんはきっと内心で、分かっているのだろう。相手の発言をわざと曲解して広めるのはアンフェアだし、それに首相の揚げ足取りで喜んでいるなら、旧社会党とおんなじだ。

社会党がそんなつまらないことに血道をあげていたから、自民党は安心して、政・官・財の癒着構造を強固に完成することができた。

社民連という弱小野党から、それを見ていた頭のいい菅さんが気づかなかったはずはない、忘れるはずはない。

自分で卑しいと思いながら、揚げ足を取ってでも首相の座を奪おうとするから、それが「偽善家」のような卑しい表情になって表れているのだ。

ああ、日米のこの野党トップの違いはどうだ。

政党政治の民主主義は、政権交代のダイナミズムがあってこそ機能する。

アメリカは世界政府となり、軍事力で世界の民を威圧しつつ、それでもなお、根っこの手作り民主主義を自ら守ろうとしている。

日本は、ここから変わらないと。

わたしはホテルの窓から、いまや「世界首都」となっているワシントンＤＣの街並みを見ながら、そう唇を噛んでいた。

ワシントンDCは政治首都に徹しているから、低いビルだけが整然と並ぶ、落ち着いた街である。

すぐ隣のニューヨーク（と言っても日本に置き換えれば東京─大阪間ぐらい）とは別世界だ。

しかし一歩、裏へ入れば、アメリカでもっともアフリカ系の低所得層が多い街でもある。

アメリカの凄味をおびて輝く光、そして底のないような闇、それをもっと追究して日本のみんなに伝えたい、伝えなければと、あらためて強く思った。

アメリカ人が尊重する真の「公正さ」とは？

ゴアの出馬辞退を日本でどのように報道したか、あとで調べてみた。

ほとんどの新聞、テレビで伝えてはいたが、すべて短信扱いで解説はなかった。

アメリカでも同じようなものだったが、理由は違う。アメリカでは「降りちゃった人はもう関係ない」、しかし日本ではそんな明確な意識からではなく、あまり意味がよく分からなかったからではないだろうか。マスメディアにいた経験からすると「よく分かんないけど、野党の候補だし、とりあえずそんなに考えなくてもいいんじゃないの」というデスクあたりの会話が聞こえてきそうだ。

しかし、このゴアの決断は、アメリカの強み、なぜカウボーイが世界政府にまでのし上がれるのかを日本人が読み解くチャンスだったのだ。

ブッシュさんのように権力の座にある人は、むしろ真意が読みにくい。だが野《や》に下《くだ》っている人、権力を去る人からは、思いがけないほど真意が見えることがある。

日本のメディアはチャンスを逃した。

だからこそ、この本でもう少し根っこを考えてみよう。

このゴアの行動は唐突にみえて、実はアメリカ社会の根本的な価値観に根ざしている。それはフェアネス（公正さ）である。

では、公正さとはいったい何か？

日本人はいつでもどこでも公正さは同じ価値をもつもので、普遍的、絶対的なものと思いがちである。

だが、アメリカ人にとって「公正さ」とはそうではない。

アメリカ人は相手が公正なら自分も公正であろうとするが、相手が公正でなければ本当のことを言う必要はないし、相手がおかしな挙に出てきたら、たとえば相手がテロリストで何かしでかそうとしていたら、テロリストという証拠が弱かろうが何だろうが、先んじて殺してしまってもOK、という価値観を持っている。

イラクへの総攻撃をはじめブッシュ政権は「先制攻撃」というコンセプトを強く打ち出している。それを日本だけではなくヨーロッパやアジア、世界中のメディアが「ブッシュの個性」として報道しているが、それはミスリードである。

もともとアメリカ社会に伝統的にあるコンセプトなのだ。ブッシュさんが新しいことを考えたりしません。彼はあくまでも、今でもテキサスの価値観のまま平然と、世界に対峙しているし、それがアメリカでは許される。

だからアメリカの市民社会では、背広の内ポケットへ手を入れた人が銃を持つ相手に撃ち殺されたケースでも正当防衛になってしまうのだ。

アメリカを除くすべての国で、これは過剰防衛による殺人になる。

こんなスタンダードで世界政府になっているのだから、まさしく恐ろしい話だ。一方で、殺し合いではなく議論をする場合で言えば、本音でアメリカ人とぶつかれば、アメリカ人も本音でぶつかってくる良さがある。

良さと言うだけでは足りない。とにかく仕事の成果をあげるうえで、これほど助かることも少ない。

仕事がら世界の多くの国の政府当局者や軍人と接してきて、もっとも公正なのは疑いなくアメリカ人であった。

たとえばイギリス人に本音をぶつけても、本音が返ってくるのは、そのあと二年ほど付き合ってからという印象だ。

ドイツ人は、こちらの言うことを徹底的にメモを取り、それを組織的に検討したあとで、本音を言おうかどうかを通告してくる。

フランス人は、メモもとらず、もちろん本音などまず聞いたことがない。もっともフランス人は英語が苦手で、わたしのほうもフランス語は全く分からないので、フランス語同士ならまた別かも知れない。……とは言ってみたが、実はフランス人は世界中で「本音を言わない」と評判だ。もちろんフランス語の堪能な欧州の外交官も、裏ではそう言っている。

アメリカ人と何時間も討論しあって、終わったあとの爽快感はなんともいえない。「連中と徹底的に話したあとはね、あんなアメリカがハイパー超大国になった理由が、すこし分かる気になるよね」と、イギリスの外交官がわたしに言った口調をときどき思い出す。

もっとも彼は「それは一分だけだよ。一分と一秒後には、なんでこいつらが超大国なんだとまた思うんだよ」と顔の片方だけで笑って、付け加えた。

そして、たとえば国連、ここもアメリカ議会や日本の国会と同じく根回し交渉が盛んで、会議で決めるよりも廊下で非公式に折衝しているときのほうが物事が進んでいく。

先ほどのイギリス外交官は、国連のキャリアが長い人だが「アメリカ人が相手なら、こちらが本当に知りたいことを正直に言って、こちらも手持ちの情報もありのままに出すと、廊下の五分のやりとりで充分すぎるぐらいの情報と、アメリカの方針が聞ける」

とも言っていた。

この公正さを、いちばん理解すべき日本人は、官僚である。

アメリカと交渉する仕事の多い官僚は外交官だけではない。

経済産業省、文部科学省の旧科学技術庁セクション、農林水産省、防衛省、むしろアメリカとの折衝がない役所は、人事院と会計検査院ぐらいか。

ところが外交のプロ、外務官僚でさえもアメリカ人には「彼らはいつも建前で話すから、こちらも本当のことを言う必要を感じない」（アメリカ国務省のアジアに関連する部長級幹部）と指摘されている。

しかしアメリカ人は本音でぶつかれば、わたしのような官と民の間に立っている民間人をも尊重してくれる。

日本の民間では特に経済人に「アメリカはフェアどころじゃない」と内心で憤っている人が多い。

経済記者時代から親交の続いている、経団連副会長クラスの財界人は「青山くん、アメリカはね、ある日突然ころっとルールを変える国だ。あんな連中相手に、どうやって本音で付き合えと言うんだ」と言った。

わたしは「それは、アメリカ人が日本の経済活動をまったくフェアだと思っていないからですよ。そんな相手には勝手にルールを変更してもOKだというのが、アメリカのフェアネス（公正さ）だと理解しないと始まりません。アメリカ人にフェアだと思わせれば間違いなく、驚くほど付き合いやすく、やりやすくなります」と答えた。

イチローがメジャーで成功したわけとは？

もっと馴染みやすい実例で、考えてみよう。

スキーのジャンプ競技で、日本人が創意と工夫、努力とチームワークで連戦連勝となったとき、あるいはジャンプと距離を組み合わせたノルディック複合種目で荻原健司選手がチャンピオンになったとき、これら競技の発祥の地、北欧諸国は、あろうことか「どんなルールなら体格の小さな日本人には不利になるか」「どんなルールなら、これまでの日本人選手の努力が無駄になるか」を執拗に研究してから、ごっそりルールを変えてしまった。

そのために栄光の日本ジャンプ陣、ほんとうに偉大な荻原健司選手がどれほど塗炭の苦しみをなめているかは、日本人がみな知っているところだ。

北欧はどこを訪れても街も自然も夢のように美しく、わたしも出張に行くたび、思わず溜息が出る。

エルサレムの貧しいアラブ人街を歩くときに神経の隅々へ入り込んでくるような埃っぽい空気、ニューヨークの怖いところに迷い込んでしまって早足で逃げるように歩くときわたしを見る住民の諦めたような表情、リマ（ペルーの首都）の屋根のない家がどこまでも続く先住民の「住宅街」に降る冷たい雨、それらが自然に次から次へと思い浮かんで、眼のまえに広がる北欧の別世界に、同じ地球とは思えなくなってしまう。

ところが、その美しい世界に棲む人々がこうまで露骨に、しかもスポーツの世界でアンフェアなルール変更を堂々とやり通してしまうのである。

しかし、アメリカのメジャー・リーグ野球を考えてほしい。

イチローが首位打者を取ったとき、その打率のかなりの部分は内野安打で稼いだもののだ。投手や内野手がいつものペースで捕球しているうちに、足で一塁ベースに駆け込む繰り返しがなければ、とうてい、首位打者になれなかった。

アメリカ人にとってベース・ボールとは、投手が思い切り大きく振りかぶって強烈に速い球を真っ直ぐに投げて、それを打者がまた思い切りバットを振り回して、当たればカーンと広い球場の果てまで飛んでいく、当たらなければあっさり三振で諦める。

そういうスポーツであり、イチローが現れても、基本は変わっていない。

ところがアメリカ人は、評論家もボール・パーク（球場）に来るファンも、イチローに打たれる投手も、ただの一言も「あんなの野球じゃない」と言ったことはない。

ひたすらイチローの努力を賞賛し、節制ぶりに感嘆し、歓声をあげて応援し続けた。

ましてやルール変更など、あの分厚い野球組織のどこからも、一度も聞こえたことはない。

これが日本なら「あんなの相撲じゃない」と、かつては外国人力士に浴びせかけていたのと同じ言葉を大合唱するだろうし、北欧ならさっそくルール変更しちゃう、下手をすれば一塁ベースだけ遠くしてダイヤモンドを歪めちゃうことだって、やっちゃうだろう。

アメリカ人がフェアネス（公正さ）を好きだというだけではない。

アメリカ人にとって、イチローの野球は「本音のベース・ボール」なのである。

アメリカ人のメジャー・リーガーから見れば痛々しいほど細くて小さな身体しかないイチローが、無理に外野へ飛ばそうとしたりしないで、内野に転がして、必死で一塁へ駆け込む姿はまさしく「本音」そのものだ。

アメリカの闇を知るためにも、わたしたちはまず、この「本音のぶつかり合い、大歓迎」というアメリカの本質をよく知ることが、とてもとても大切だ。

第五章

アメリカが傲慢なのか、日本が無知なのか

三沢と嘉手納のアメリカ空軍戦闘機の任務とは？

日本にはアメリカ軍がいる。アメリカ軍の基地がある。

それを知らない日本人は少ないだろう。

それではアメリカ空軍の青森県・三沢基地にいる戦闘機F16ファイティング・ファルコン、沖縄県・嘉手納基地にいる戦闘機F15ストライク・イーグルは、ふだん何を任務にしているのだろう。

何をしているのだろう。

これを知っている日本人は、どれぐらいいるだろうか。

わたしは、共同通信の記者時代から現在まで、防衛庁・防衛省の上級幹部研修の講師を九年、務めてきている。（新書版註・二〇一六年現在で二十二年）

壇上で一方的に話すのではなくて必ず、受講生に問いかけ、その答えをもとに一緒に考えるというやり方で講義してきた。

その受講生に「三沢と嘉手納のアメリカ空軍戦闘機は、ふだん何をしていると思う？」

と聞いて、一度も正しい答えが返ってきたことがない。

この受講生は文民である。キャリア組ではなくノンキャリア組だが「上級幹部」になる際の研修に来ているということは、選抜に勝ち残った人たちだ。

陸海空の自衛隊、つまり制服組をシビリアン・コントロール、すなわち「文民統制」で導く中核になる人たちだが、残念ながら、一度も正しい答えが返ってきたことがない。

よくある答えは、「北朝鮮の近くをパトロールしている」、あるいは「北東アジアの空の安全を守るために日本近海や朝鮮半島近海をパトロールしている」というものだ。

この本の読者のなかにも「あれ？　それで正しいはずだ」と思った人は多いだろう。

しかし、これは正解とは言えない。

肝心なことがすっぽりと抜けているのだ。

わたしは、駒場の東京大学教養学部で臨時講義をすることがある。（新書版註・現在、参議院議員と兼ねて東大教養学部非常勤講師）

安全保障を論じている東大助教授（当時）が、わたしの考え方に関心を持ってくれて、その助教授の学生たちに、やはり問いかけながら講義をしていた。

二〇〇三年一月下旬にもこの東大で講義をし、わりあい広い教室を嬉しいことにいっぱいに埋めた東大生たちに、同じ質問をした。

「三沢と嘉手納から飛びたつアメリカ空軍戦闘機は、どこへ行って、何をしているのだろう」

さすがに日本屈指の大学である。

「日米安保条約に基づいてアメリカ軍は日本に駐留しているのだから、日本の安全を守るために朝鮮半島あたりを飛んで、北朝鮮の動きなどを監視しているはずです」という趣旨の答えが返ってきた。

そう、一九九一年の湾岸戦争までは、この答えでほぼ正解だった。

しかし、それでは今や、「もっとも肝心なこと」が抜けた答えになってしまった。

三沢を発進したＦ16戦闘機、嘉手納から舞いあがったＦ15戦闘機、これはいずれもイラクを爆撃しているのだ。

日本の戦闘機では北朝鮮のミサイル基地は叩けない

湾岸戦争（一九九一年一月～二月）に負けたあとのイラクは、アメリカとイギリスによって空を三分割されてしまった。

南部は「飛行禁止区域」とされ、そしてバグダッドのある真ん中部分をはさんで北部も「飛行禁止区域」とされていた。（P一三二の地図参照）

北部はトルコの米軍基地から飛びたった戦闘機が任務にあたり、南部は、ペルシャ湾のアメリカ海軍第五艦隊の艦載機に加えて、三沢と嘉手納の空軍機が任務に就いている。

こうやって「任務」と言うと、その戦闘機が実際にやっていることの手触りが失われる。

だがアメリカ軍の関係者は、ワシントンDCのホテルのバーで、バドワイザーの冷たい生ビールを飲みながらこう言った。

「地上に光るものがあれば、空対地ミサイルを撃ち込むか、爆弾を落とし、空を飛ぶものがあれば、それが何であれ撃ち落としているのさ」

わたしは「光るもの？　それが軍用かどうかを確認しないで、たとえば誰か女性の鏡が光っても撃ち込むのか」と聞いた。

「アオヤマはよく知ってるじゃないか。われわれは、世界最高レベルの地上識別能力を持っている。しかしそれはこの現在の人間のやるなかでは、ということであって、未来の人間のやることではないし神さまのやることでもない。間違いはある」

世界最高レベルの地上識別能力、とは例えばF15ストライク・イーグルが積んでいる地上を見るレーダー、レーダーの掴《つか》んだものを一瞬で分析するコンピューター、それに基づいてピンポイントでミサイルを撃ち込む能力、それらを全部あわせて言っている。

世界トップ級とされるアメリカ製の戦闘機、能力を正確に言うと「戦闘爆撃機」のF15は世界で四か国しか保有していない。

まずアメリカ、そしてイスラエル、次にサウジアラビーア。最後の一つはどこだと思いますか。

日本の航空自衛隊だ。

空軍と呼ぶことさえ許されない、呼んだ瞬間に憲法違反になる。憲法には、陸海空軍その他の戦力はこれを保持しないと明記されているから。

ところが、その「航空自衛隊」が世界中の空軍もうらやむ最先端（当時）ハイテク戦闘機を保有している。

まるで、白い薄い紙を裏返してみると、黒い鋼鉄に変わっているようなものだ。しかしこの黒い鋼鉄は、よく見るとただのプラスチックだと分かる。

どういうことか。

日本のＦ15は実はＦ15Ｊだ。お尻にジャパンの「Ｊ」の付く、日本仕様なのだ。

アメリカ、イスラエル、サウジのＦ15はお尻に「ストライク・イーグル」、すなわち「地上を急降下攻撃する鷹」というアメリカ人好みの名前が付いている。

Ｆ15ＪとＦ15ストライク・イーグル、実はこの二つ、まさしく似て非なるものである。

わたしと長い親交のある、航空自衛隊の階級の高い人は、制服を脱いでわたしと防衛庁近くで焼き鳥を食べながら、こう言った。

「われわれのＦ15Ｊは地上識別能力を外し、空対地ミサイルも爆弾も外しているからね。空中戦はやれても、地上はまともに攻撃できない。地上が攻撃できるとなったら、侵略兵器だ、専守防衛じゃない、憲法違反だと言われちゃうからね」

ところが、このごろ日本政府はこの「専守防衛」の中身をずるずるずると、国民に説明しないまま勝手に変えていることに、あなたはお気づきだろうか。

防衛庁長官や官房長官（いずれも当時）が国会で「北朝鮮がミサイルに液体燃料を注入して、明らかに日本へ撃ち込む準備をし始めたら、その段階で自衛のために攻撃できる」と答弁している。

「その段階での自衛のための攻撃」とは具体的には、「ミサイルを発射する前に、北朝鮮のミサイル基地を攻撃する」ということしかない。それ以外には、あり得ない。

つまり、「専守防衛」はいつの間にか、相手の国の領空や領土に入って攻撃しても良いことに変わったわけだ。

専守防衛と聞いて、そんなことを想像する国民がいるだろうか。みな、専守防衛だから日本の領土、領海、領空内でしか戦えないと思っている。

わたしは長いあいだ、こうした偽ものの「防衛」に、非力ながら警鐘を鳴らしてきた。

ミサイルという悪魔のような飛び道具が発達するまえは、この「専守防衛」もあり得たかも知れない。

しかしミサイルのなかでも、成層圏に届くほど高く打ち上げてから落ちてくる「弾道ミサイル」は、その落ちるスピードがマッハ二〇前後という想像を絶する超高速になる。音が聞こえる速度の二〇倍ほど、そんなものを迎撃していつも確実に打ち落とせる技術は、米軍だろうが何だろうが存在しない。

スペースシャトル「コロンビア」号が空中爆発する寸前のスピードが、マッハ一八だった。

「テロリストが撃墜したんじゃないですか」という取材の電話がかかってきたとき、わたしは「バルタン星人でもない限り、あんな速いものを撃墜できません」と答えた（嘘です）。ほんとうは「米国最高のハイテク部隊でも、かなり難しいですから、それは考えられませんね」と答えた。

この不可能を可能にしたいと言っているのが、アメリカが計画して日本もおカネと技術力を出している「ＭＤ計画」だ（ミサイル・ディフェンス計画、もとはＴＭＤ、戦域ミサイル防衛と呼んでいた）。

弾道ミサイルでもすべて打ち落とせる、想像を超えるほどに発達した迎撃ミサイルを開発して、アメリカ本土や日本に配備するという。

この夢物語のようなMD計画が将来、ほんとうに成功するにしても、まだこれから時間がかかる。

その時間こそ、人類史上最悪レベルの独裁国家・北朝鮮が自壊していくプロセスであり、暴発が強く心配される時間なのだ。

北朝鮮は、すでに開発を終えた弾道ミサイルの弾頭に、いつでも細菌兵器（生物兵器）、毒ガス兵器（化学兵器）をやすやすと積み込んで、日本のどのあたりへでも撃ち込むことができる。

だから日本政府が「一発、撃たれてからはじめて反撃できる。しかも絶対に日本の領土、領海、領空の外へ出ちゃいけない」という絵空事、嘘つきの「専守防衛」を変えたのを、わたしはできれば評価したい。高く評価したい。

しかし評価できない。

国民に説明することなく、気がついたら変わっていた、とやるのはいい加減にやめたらどうだろう。

そんな民主主義がどこにあるか。

こんなおかしな事をやっているから、首相の女房役の官房長官と、首相の言うことがまるで矛盾するなんて愚かなことが起きる。

国会で、防衛庁長官と官房長官（いずれも当時）が「相手が攻撃の準備をしているだけで自衛の反撃をやれる」と答弁したのに、内閣総理大臣、小泉純一郎さんが「いや、一発撃たれないと、撃ち返せませんよ」とまったく食い違う答弁をやった。

しかも小泉さんは答弁の統一もせず放置している。

官僚は政治家に「ご説明」と称して、官僚の考えを政治家の頭に叩き込む。その中身を小泉さんだけが忘れて、昔に習ったことをつい言ってしまったのが、どうも真相らしい。

しかし、日本政府がこうやって恥ずかしい裏舞台までのぞかせながら中身を入れ替えた「専守防衛」も、実際は絵に描いた餅にすぎない。

Ｆ15Ｊが、北朝鮮のミサイル基地の上空に飛んでいっても、それを許されても、攻撃はできないからだ。

さきほどの航空自衛隊の「制服組トップクラス」のひとは焼鳥屋で熱燗の盃《さかずき》を傾けながら、わたしに言葉を続けた。

「ようやく日本にも空中給油機が導入されるからね。Ｆ15Ｊは北のミサイル基地まで飛んではいける。しかし攻撃能力は外してあるんだからさ。急にやれと言われたって、われわれはできないよ。空中戦なら立派にやってみせるがね。そんなとき北朝鮮の空軍は、在日米軍の戦闘機に航空優勢（一般には制空権）を完全に奪われているに決まってるから、こちらはやることはない。まぁ遊覧飛行だね」

「ジャパンはなぜ、アラブを爆撃するんだ？」

さて、東京の焼鳥屋から、アメリカ軍の関係者がカウンターに座る、ワシントンＤＣのホテルのバーに戻ろう。

三沢と嘉手納から、推定三回の空中給油を受けながらイラクに飛んでいくアメリカ空軍機は、もちろん遊覧飛行じゃない。

アメリカ軍関係者は「まあ間違いはあるから、女性の鏡が光ってもミサイルを撃ち込んでいるかも知れない。たぶん、いやまず間違いなく撃ち込んでるよ。しかし地対空ミサイルや軍事通信施設や、うまくいけば生物兵器や化学兵器の工場とかもみな破壊してるんだからね」とわたしに言葉を続けた。

早い話が、日本の基地で日本人従業員がていねいに整備したアメリカ空軍戦闘機が、イラク南部へ飛来し、軍用施設も民間施設もなにもかも破壊し尽くしているわけだ。

なんのことはない、第二次湾岸戦争が始まるまえから、日本が支える「米軍ジパング部隊」は、イラクの頭上から死の攻撃を続けてきたのである。

これをアラブ人の側から見れば、どうなるか。

わたしがイスラエルの首都、エルサレムからそう遠くないパレスティナ人自治区で、狭い石畳の坂道を登っていたときのことだ。

両側にぎっしりと並ぶ店の壁や半開きのシャッターに、深い弾痕が無数に残っていることに気づいた。

イスラエル軍が機関銃を掃射したのだろう。

弾丸で崩された壁の穴に、ポスターを貼ってふさいでいる店もある。

それは自爆テロで死んだ少年が、テロに向かうまえに短機関銃を両手に持ってうれしそうに笑っているポスターだった。

少年の姿の左右には、まだ若い男女の顔が小さく丸く添えられている。

両親かと思ったが、そうではなく、やはり自爆テロで死んだテロリストの顔らしかった。

「憎悪と憎悪の連鎖」などという、分かったような言葉ではとても言い切れない、無惨な思いが込みあげる。

小さな果物店に入ってみた。

店先に、明るい色のオレンジが積みあがっていることに、すこしだけ救われるようだったからだ。

細く奥へ延びる店に身体を入れてみると、壁が、もとは青ペンキで塗られていたらしいとやっと分かるぐらいに、徹底的に掃射されている。

手を伸ばして、弾痕の一つ一つに触れてみた。

世界中を回るようになってから、なんでも手で触れて確かめる癖がついている。

六〇歳前後にみえる男性の店主（実際はもっと若いかもしれない）が英語で「もしかして、あんたは、ジャパニーズ？」と聞いた。

頷いて、ゆっくりした英語で「果物屋さんに、なぜこんなに、撃つのかな」と聞いてみた。

店主は「兵隊が来たときも、俺が店を開けていたからさ」と胸を張って答えた。

俺はシャッターを閉じて身をすくめたりしないぜ、という気持ちが眼にこもっていた。

そして店主は「ジャパンはなぜ、アラブを爆撃するんだ」と顔を近づけて聞いた。

「いや、日本はアラブの国を爆撃したりしてないよ。爆撃って、どこの国のことを言ってるのかな」

「イラクさ。俺はサダム・フセインは嫌いさ。あいつはアッラーよりも自分が好きなんだ」

ほおぉ、おもしろいことを言うなぁと、わたしは店主の顔を見ながら「日本はイラクを爆撃していないよ。それはアメリカだろ。アメリカなら確かに、イラクの北部と南部をときどき爆撃してる」

「いやジャパンもしてる」

「違うって。ぼくらには、アラブ人を爆撃する理由がないよ」

ちょっと早口になってしまったので、店主は意味をとりにくいようだ。

すると、それまで店の奥に黙って座り、わたしの顔を見ていた若い男が突然、「ミサワ」と言った。二十歳前後にみえる。長身で、眼がどきっとするほど暗くて鋭い。

すぐには何のことか分からない。

ミサワと言った気もするし、ミザワにも聞こえた。ミザワかも知れない。

若い男は「ミサワ・エア・ベイス」と少し大きな声になって言った。

一瞬、背中を電気が走るように感じた。

ああ、三沢のアメリカ空軍基地か。

そうか、やられる側からみれば日米安保条約も、日本とアメリカの違いも、何もない。

まるで日本が戦闘爆撃機を飛ばしているように見えても、不思議ではないのかも知れない。

それでも男の眼に向かって言った。

「確かに、日本の三沢にあるアメリカ軍基地から戦闘機が飛び立って、イラクの飛行禁止区域をパトロールして、爆撃することもある。しかし、それはあくまでも米軍だ」

店主と、その息子なのか若い男は、押し黙ってわたしの顔を見ている。

「イラク南部をパトロールする戦闘機が三沢から来たって、よく知っているね」

そう言おうとして、やめた。

殺しに来る奴がどこから来たのか、知ろうとするのは、当たり前じゃないか。

そう思った。

ひょっとしたら、この二人はイラク南部から逃げて、エルサレムに来たのかな。

イラクと西隣のヨルダンの間には、トラックが旺盛に行き来している。

イラクは、アメリカが主導する国連の手で経済封鎖されているから本来ならあり得ない。だが、中東の現実は違う。

そのヨルダンはイスラエルに接しているから、ヨルダン・ルートをうまく使えば、時期によってはこのパレスティナ自治区に潜り込めただろう。

「イラクから来たのですか。イラクのそれも南部からですか」と聞いてみると、二人の顔がこわばり、警戒の色が漂った。

返事はない。

店を出て、強い太陽の下を、うろうろと歩いた。

やがて「ホテル・ヘブン」と英語で書いた壁の残る、瓦礫《がれき》の前に出た。

天国ホテル。まるで悲しいブラック・ジョークだ。

このホテルは、イスラエル軍とパレスティナ過激派の激しい戦闘の舞台になったことを、イスラエル在住のジャーナリストに聞いていた。

「ホテル・ヘル」。地獄ホテルじゃないか。

大きな灰色の瓦礫のうえには、アラビア語で黒々と短く殴り書きがしてある。

わたしはアラビア語は分からないが、それがパレスティナ武装組織、アルファタハのことだとは知っていた。

みなさん、アメリカは三沢から、嘉手納から、イラクへ足を伸ばして爆撃や撃墜を行っていることを実はなにも隠してはいない。

日本は、日米安全保障条約によって領土の一部を米軍に自由に使わせている。それどころか、基地の光熱費や従業員の給料を負担している。

それは戦争に負けたからではない。

そう思っている日本人は驚くほど多いが、それは違う。

敗戦と、連合国の占領は、一九五二年発効のサンフランシスコ講和条約で終わっているのだ。そこできちんと区切って考えないと、日本人はいつまでも国際法がほんとうには分からない。国際社会でふつうの主張ができない。

米軍が日本にいるのは、あくまでも日本の安全確保や北東アジアの平和の安定のために駐留するという取り決め、すなわち日米安保条約があるからだ。

日本から米軍を、世界中に自由に攻撃に出すためではない。

戦争の技術がどんどん悪魔的に進化して、日本を飛び立った小さな戦闘機が空中給油を受けながら世界のどこへでも爆撃にいくことができる時代になるにつれ、日米安保条約がとっくに変質してしまっている。

アメリカがもしアメリカでなかったら、隠れてこそこそやるだろう。本来の目的ではないことに、日本の領土やお金を使わせているのだから。

しかしアメリカはアメリカだから、まったく隠していない。世界の誰でも見ることのできるホームページで、三沢のF16ファイティング・ファルコン戦闘機と、嘉手納のF15ストライク・イーグル戦闘機がどんな「任務」に就いているか、堂々と公開している。

公平に考えて、これは「アメリカが傲慢で日本の納税者の気持ちを無視している」からではなく、フェアに公開していると言うべきだとわたしは思う。

公開しているのに、わたしたち日本人が知ろうとしていないだけなのだ。

わたしたちの祖国の領土を提供し、特に沖縄では圧倒的な広さを提供し、基地の維持費までわれらの税金から出しているのに、その提供されたアメリカ軍がどこで何をしているのか、自分の頭で考えようとは全くしてこなかっただけである。

安全保障は他人任せ、アメリカ人任せ、税金の使い道は「お上（おかみ）」任せ。

わたしたち日本国民の自画像が、くっきりと表れている。

そして、三沢と嘉手納から連日、飛び立ってゆくアメリカ空軍機の姿が表していたことは、もうひとつある。

それは、日本がすでに戦争に実質的に参加しているということだ。なぜか。国連の安全保障理事会が緊迫していた二〇〇三年早春に、鏡が光っただけで空対地ミサイルを撃ち込まれていた生活者にとっては、すでに第二次湾岸戦争は何年も前から始まっていて、ジパングもその戦争に基地、基地従業員、基地の維持費を提供してきたからだ。

第六章

イラク総攻撃のブッシュの嘘と本音

ブッシュ大統領の三つの嘘

そのイラク総攻撃について、ブッシュ大統領（当時）が「やる理由は、これだ」と世界に表明してきたことは、三つある。

三つが同時に示されたのではなくて、「攻撃する主な理由」が次々と変わってきた。

わたしは二〇〇三年一月中旬にアメリカを訪れたとき、「この三つとも嘘だ」とアメリカの友人たちに告げた。

「嘘だ」と言い切るべきか、それとも「場合によっては嘘に近くなる」と和らげて言うべきか、ワシントンＤＣに向かう機中でなお、迷っていた。考えていた。

そしてある政府機関の狭い会議室で、当局者と向き合った瞬間、「嘘だ」と言い切る決心がついた。

この地位の高い当局者には、いつもと同じように、さぁ本当の話をしようという雰囲気があった。

戦争が近づいていていても、その眼に変わるところは何もなかった。

アメリカの会議室は、日本のように花が活けてあったりはしない。彼らは自分の部屋やオフィスには工夫をするけれど、会議室はまさしくただの会議室、殺風景そのものだ。そのなかに当局者は、ふだんと同じく、『さぁ話をしよう、どんな話の中身になるかなぁ』という現実的でいて親しみのある感じで座っていた。

さて、ブッシュ大統領の提示した「イラクを総攻撃する三つのわけ」とは何だろう。最初に何を「理由」だと言い、次に何を理由だと言い、最後には何を理由だと言ったのか。

みなさんはどう考えますか？

次を読むまえに、すこし思いだしてみてほしい。

ブッシュ大統領が最初に言っていたのは「われわれは世界に民主主義を実現する。イラクは独裁政権である。民衆は苦しんでいる。だからバグダッドに進駐して独裁者サダム・フセインを倒し、民衆を救済する」ということである。

次には、「われわれはテロと戦っている。二〇〇一年九月一一日のＷＴＣ（世界貿易センター）ビルを民間ジェット旅客機で破壊したイスラーム原理主義テロリスト集団、アルカーイダは、サダム・フセインから支援されて活動している。だからサダムを倒すことが、アルカーイダを壊滅させる道になる」と強調し、説明した。

そして最後には、「われわれは大量破壊兵器を隠し持つことを許さない。サダム・フセインは生物兵器、化学兵器を数多く隠し、さらに核兵器も生産しようとしている」と叫んだ。

だが、わたしはアメリカの当局者にまず言った。

「民衆を救済するなら、なぜ北朝鮮ではないのですか」

サダム・フセイン大統領は確かに、最悪レベルの独裁者だ。

政敵を次々と殺害して独裁者の地位を確立すると、反対者を殺し続けた。

国民の言論の自由を圧殺し、「支持率一〇〇％」などという馬鹿げた国民投票を仕組んで、ひとり喜んでいた。

だがバグダッドではそれでも、民衆は生き生きと生活している。

実はイラクは中東のなかで、もっとも民衆経済が活発な国の一つだ。

中東の西の国々、シリア、ヨルダン、そしてエジプトと、中東の東の大国イラン、さらにその東のパキスタンやインドとを真ん中でつなぐ位置にある。

北のトルコと南のサウジアラビーアを真ん中でつなぐ位置でもある。

地政学からして、こうした国は交易の中心になる。

さらにイラク国民は伝統的に現実的で元気なひとびとだから、商いと交易に適していて、フセイン大統領の独裁にめげずに商いにいそしんでいる。

このイメージは日本人には知られていない。アメリカの発信する情報をコピーした情報にばかり接することが多いからだ。

庶民の生活の姿だけではなく、イラクが広大な国だと思い込んでいる人が驚くほど多い。

しかし実際は日本の一・二倍程度にすぎない。つまり狭い日本とそう変わらない。隣のイランが日本の四・五倍の国土を持つのとは対照的だ。

アメリカがあれほど攻撃したい、したいと固執する国だから、なんとなく大国というイメージが日本人に広まっている。

イラク共和国とその周辺

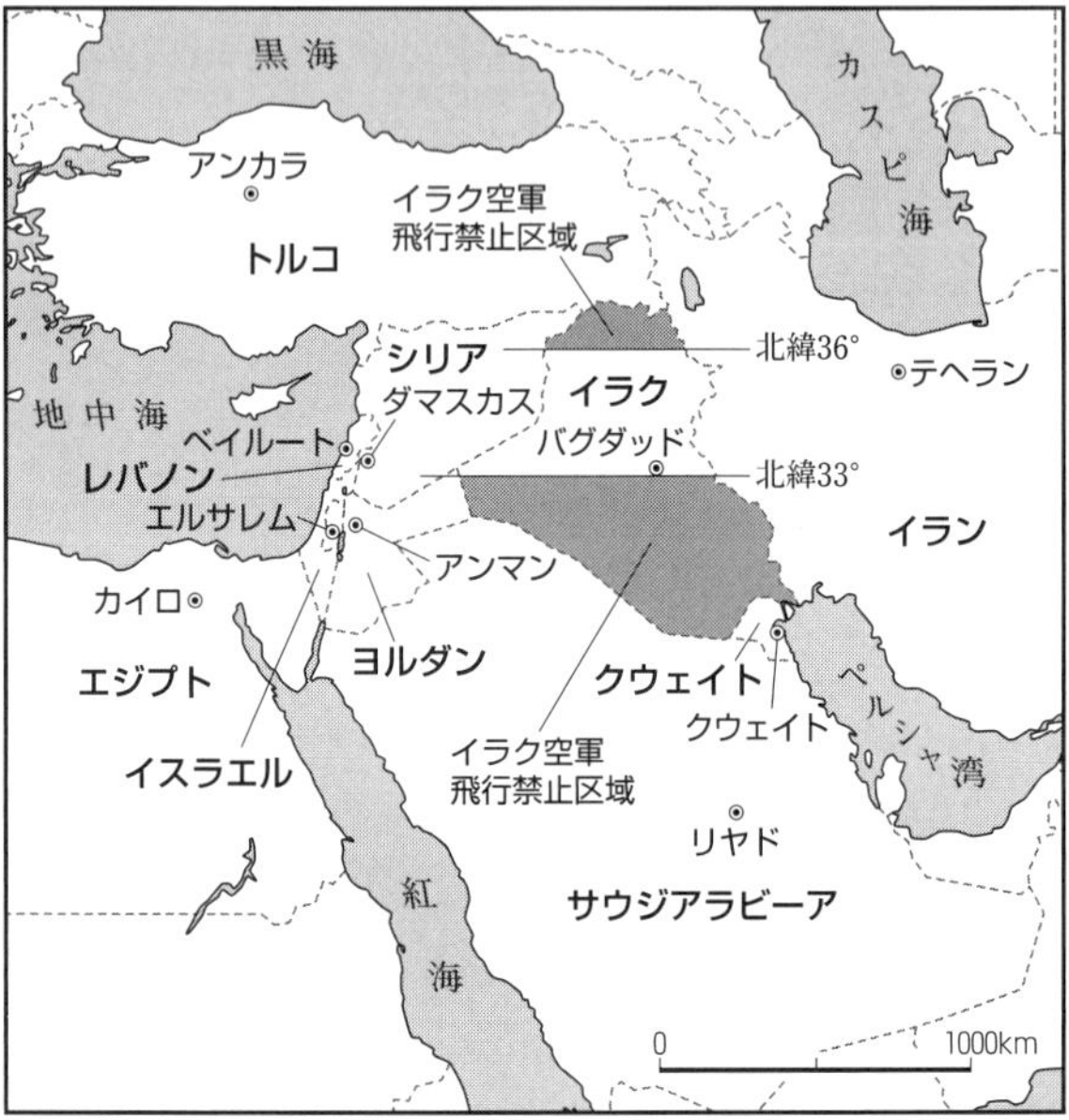

そして人口も二三〇〇万人ほどしかいない。これとほぼ同じ人口の国が、神さまのいたずらか、北朝鮮なのである（当時）。

北朝鮮は、その人口のうちアメリカの推計では最低一〇〇万人、最大では三〇〇〇万人の餓死者を出している。

韓国の仏教系ＮＧＯの推計ではなんと、ざっと五〇〇万人が飢え死にしている。

この仏教系ＮＧＯは、中朝国境の延辺で飢えて残飯を拾おうとさまよっている子供たちにヒヤリング（聴き取り）調査を行った。

「きみのお父さん、お母さんはどうした？」

「食べるものがなくて、死んだの」

「じゃ、きみの兄弟姉妹は」

「お姉ちゃんも弟も、食べるものがなくて死んだ」

「それじゃ叔父さんと叔母さんとか、親戚の人は」

「叔父さんは中国へ行った。叔母さんは知らない。いとこが二人、食べるものがなくて死んだ」

こういったやりとりを長い時間かけて重ねてゆき、それを統計学によって処理して約五〇〇万人が餓死したという結論を出している。

五〇〇万人といえば、北朝鮮の総人口の五分の一を大きく超えている。あまりにも想像を絶する事態で、にわかには信じがたいと思いたいが、その地道な調査方法を考えると必ずしも大げさな数字とは言い切れない。

その庶民をみおろして、北朝鮮の独裁者（当時の金正日第一書記）は世界に知られた大きなお腹を突き出し、日本に不法入国して国外追放された独裁者の息子（金正男氏）も、やはりお腹が大きく突き出ている。

よほどおいしいものを、毎日食べているのだろう。そして周りには全土から集めた「喜び組」の女性たちを、はべらせている。

人類史上最悪の独裁と言ってよい。こんな極端な「ただ一人とその家族のために国民すべてを奉仕させ、その多くを飢えさせる」国は、マンガの世界にも存在しない。

共産主義は「飢えた人民を救い、特権階級を追放する」のが目的だったはずだ。北朝鮮の独裁は崩れ、変質したコミュニズムのまさしく極北とも言える。

アメリカは、この北朝鮮に対して「戦わない」と約束、すなわち、この独裁体制を守ってあげると文書で約束してもいいと持ちかけた。

それを公表したのはアーミテージ国務副長官だ。

アーミテージさんは魁偉《かいい》な容貌とは裏腹に、思いやりのある優しい人柄で親日家、わたしも大好きである。

しかし、この約束は何だろう。

国民を餓死に追いやる狂気の独裁政権は公然と守り、同じ独裁でもたくましく生き延びているイラクの庶民の頭上から巡航ミサイルと爆弾の雨を降らそうという。

実は、この北朝鮮と戦わないというのは『今は』という話であって、当面はやらないよという戦術にすぎない。

だが、この会議室でアメリカの当局者にわたしが問おうとしていたのは、そうしたことではない。

ビンラーディンはなぜイラク攻撃を望むのか？

わたしは彼に「ブッシュ大統領は、まるで民主主義の擁護、民衆の救済がまずあって、それに照らしたらサダム・フセイン大統領は許せないから、戦争をやるかのように世界へアピールしましたね。それなら、まず北朝鮮をやろうということに必ずなるはずでしょう。明らかに嘘がある」と言った。

建前に凝り固まって、この当局者を追及しているのではなくて、アメリカの本心を聞こうとしていた。

アメリカをはじめ各国の本心を掴みだし、日本の政策形成に役立てるのが、わたしの仕事だ。

当局者も負けてはいない。

「それなら、きみの国も嘘つきだ。いままで会った官僚たちはみな、アメリカが民主主義のために戦う姿は素晴らしいと言ったぞ」

「彼らがあなたにそう言う現場にいたわけじゃないから、今の問いかけには答えないことが、公平です。ブッシュ大統領が二つ目に言い出した攻撃理由についても、考えをお話ししたい。いいですか？」

当局者はあっさりと「いいよ」と応えた。

相手がダイレクトに「本当のこと」をぶつけようとするとき、アメリカ政府の当局者たちは、まず逃げない。

「ブッシュ大統領は、イスラーム原理主義のテロを根絶するためにイラクを攻撃する、イラクを攻撃しないとテロはなくならない、サダムを倒せばテロはなくなる、と言っていますね。すべて真っ赤な嘘ではないですか」

「真っ赤な嘘……」

「そうです。これは民衆の救済うんぬんと言うより、もっとはるかに罪が深い」

サダム・フセイン大統領の政権は、イスラーム教スンニ派ながら世俗主義である。イスラーム教に立脚しつつも現実的な政策を採っている。

だから女性もふつうに働いているし、優れた女性はたとえば医大に行き、男性のお腹を開ける外科医にもなれる。

これはイスラーム原理主義者にとっては、許し難い所行ということになる。

9・11同時多発テロを引き起こしたイスラーム原理主義テロ集団アルカーイダ、あるいはそれを指導するテロリスト、オサマ・ビンラーディンと密接な協力関係にあったアフガニスタンのタリバーン政権は、女性が働くことはおろか小さな少女が小学校に行くことすら禁じた。

みなさんの記憶にあるとおりだ。

「女はみんな、家にいろとクルアーン（コーラン）に書いてある」というのが、彼らの主張だ。

ちょっと余談だが、わたしはこんなことが本当に書いてあるのか、日本の優秀な女性イスラーム学者に聞いた。クルアーンは英語でも日本語でも読むことができるが、原語で理解している人に聞きたかった。

彼女の答えは「それは解釈次第ですね」。この答えは逃げではない。本物の学者らしい正確な答えだ。ただ、わたしは英語と日本語で読む限りは、クルアーンが女性の自由を奪っているとは読めなかった。むしろ女性をもっと熱心に護っている。

オサマ・ビンラーディンとアルカーイダはかねてから、サダム・フセイン大統領を背教者として口を極めて攻撃してきた。

実は、アメリカとイギリスのイラク総攻撃は、アルカーイダにとっては「待ってました」という戦争なのである。

一石二鳥そのものになる。

ひとつには、背教者サダムを「白い悪魔」のキリスト教徒がわざわざ排除してくれる。しかも、もうひとつには、イスラーム社会でのアルカーイダやテロ活動に対する支持が画期的に高まる。

日本やヨーロッパ、そしてもちろんアメリカによくある誤解は「イスラーム社会では多数派の人たちがテロを支持している」ということだ。

イスラーム社会といえども、生活者の感覚は日本やアメリカ、ヨーロッパとそう変わらない。

わたしが中東を歩いた実感だが、ほんとうは歩かなくても、みんなが分かるはずだと思う。

ひとが生まれ、大人になり、家族と生き、生活の心配をし、そんなとき、なにかの宗教に信仰心が厚くとも、もっとも大切にするのは宗教ではない。

ムスリム（イスラーム教信者）の大多数の人々も同じである。物をたくさん買ってくれるアメリカ人とは喧嘩したくないし、兵士でもなくふつうに働いている人が大量に死ぬのは、それがたとえキリスト教徒であっても見たくはない。

ところが世界の反戦の声を押し切ってアメリカとイギリスがイラクを総攻撃し、バグダッドをキリスト教徒が占拠すれば、イスラーム原理主義者たちのテロリズムの支持がこれまでより飛躍的に高まる可能性が高い。

支持が高まれば、かつて毛沢東が「人民の海の中に入れば少数の兵でも有利に戦える」と主張したように、アルカーイダとしては大変にやりやすくなる。

しかも「人民」だけではなくオイルマネーを握ったアラブ人富豪のカンパも、これまで以上に巨額になることが期待できる。

なぜイラクなのか、なぜ北朝鮮ではないのか？

わたしはこうした事実をアメリカ当局者に話し、「あなた方も、ほんとうは分かっているはずですね。だからテロ根絶のためにイラクを総攻撃する、サダム・フセインを倒すとブッシュ大統領が言っているのは、真っ赤な嘘だ。テロはむしろ、イラク総攻撃やバグダッド占拠、親米政権の樹立のあとに世界に広まってしまうでしょう」と言った。

このとき当局者は、「そうだね」と応じた。

わたしは一驚した。

「米英がイラクを総攻撃すればアルカーイダにはむしろ好都合で、テロが日本を含む世界中にもっと広まってしまう」とアメリカ側に主張したのは、このときが初めてではなかった。

このときのように「三つ」を整理してトータルにじっくり話したのは初めてだったが、この「イラクをやればテロリストが喜ぶ」という主張だけはすでに何度か繰り返していたのだ。

これまでは何度繰り返しても、アメリカの友人たちの答えは、この地位の高い当局者を含めて「いや、そうでもないだろう」という否定だった。

それが一変している。

当局者は、珍しくちょっとうつむき加減に「かえってテロリストを喜ばせることになるらしいという結論がね、われわれのなかで、出ることは出たんだよ」と言った。

そして唐突に、「アオヤマ、きみはブッシュ大統領がアロガント（傲慢）だと思うかね」と聞いた。

即座に「思います」と応じてから、「リスクをすべて自分で被る美点とセットにはなっているけれども、傲慢と言わざるを得ないですね」と言った。

当局者は「うん、わたしも同感なんだ」と、いくらか寂しげに、ほんの少しだけ笑った。

「あなたが、このことについて同意したのは、綿密な情報収集と分析の結果だと思っていいんですか」と聞くと、彼は黙って頷いた。

わたしは「それなら、あなたは戦争を止めろ」とは言わなかった。

それは彼の役割と仕事ではない。

「ブッシュ大統領の言う最後の理由について話してもいいですか」と聞いてみた。

彼が沈んでいるようにみえたからだ。

しかし当局者はいつものように、あっさり「いいよ」と応じた。

「大統領は、イラクが大量破壊兵器を隠し持っているから、攻撃すると言っている。放置すれば危険だと、世界中の人々が危険に直面しているんだと、ほとんど叫ぶように言っていますよね」

「ああ」

「イラクは、大量殺戮兵器を隠し持っていたのは、おそらく事実でしょう。核兵器は、一九九一年の湾岸戦争のあと、作りたいけど作れないという状況のようですね。生物・化学兵器はまだ隠しているでしょう。自国にはなくとも密かに連携する他国の独裁政権に隠してもらっている恐れがある。しかし湾岸戦争の前ほど大量に隠し持っているわけではない」

「そう、そういう感じだろうね」

「ところが北朝鮮は、まず、すでに核爆弾をいくつか持っています。高濃縮ウラン型だから大きくて重くて、ミサイルにはまだ積めないでしょう（当時）。核の再処理施設などを再稼働して、小さく軽くできるプルトニウム型の核弾頭を作るプロセスを始めても、ミサイルに詰めるようになるまでは、あと三年ほどかかりそうです（当時）」

「うん、もう少し早いかも知れないけど、だいたいは、そんなあたりだ」

「いまの最大の問題は、実は生物兵器と化学兵器です。生物兵器は、天然痘、炭疽菌《たんそきん》などなどひと揃いしっかり持っているようだし、化学兵器は、スポイトの一滴で人間を殺せる最悪の凶器のVXガスを、世界でいちばん保有している国だと国連の関連機関が指摘しているじゃないですか。だけどもアメリカは北朝鮮とは戦うどころか、戦わないと文書で約束してもいいと言い、査察のサの字も言わない。イラク総攻撃をやる理由がもし本当に、大量殺戮兵器を取り除くためだと言うなら、なぜ北朝鮮から取り除かないのですか」

　当局者は口をつぐんだ。

　彼がこのまま口を開かないのかと思った。表情は変わっていないが、全身から、今までに感じたことのない雰囲気が漂っている。

拒絶的ではない。

しかし、なんと言ったらいいのか、わたしは鋼鉄の一枚の板が目の前に突っ立っているような不思議な気分がした。

こういうとき、殺風景な会議室というのは逃げ場がない。

すると当局者が「イラクにはオイルがあり、北朝鮮にはオイルがない。イラクには味方がなく、北朝鮮には味方がある」とさらり、言った。

ははぁ。ずばりだ。

イラクを攻撃し、北朝鮮への攻撃をしばらくお預けにする理由を、これほど率直に語る言葉はアメリカの政治・経済・軍事の当事者たちのなかから、これまで聞いたことはなかった。

本音でぶつかれば本音を返すアメリカ人としても、ずいぶんと思い切った言葉といえるだろう。

アメリカが許せないサダム流裏外交とは？

イラクの石油埋蔵量は、サウジアラビーアに次いで世界第二位だとされている。しかも、採掘のコストが安い良質のオイルだ。

「それなのに、ろくに採掘されていない」というのが定説である。

もしも、イラクの油田をメジャー（アメリカの巨大石油資本）が握れば、世界の石油価格を動かせる。

ブッシュ政権は、石油業界と深いつながりのある政治家がずらりと並んでいることで有名だった。

ブッシュ大統領はテキサスの中小石油業者が、根っこの支持基盤だし、チェイニー副大統領はメジャーが支えている。

わたしは、この当局者の率直《そっちょく》な発言を受けて後日、アメリカの経済政策の関係者をニューヨークのチャイナ・タウンで夕食に誘ってみた。

この関係者は、中華料理の長い箸を上手に使いながら「イラク総攻撃をやると、オイルの値段が上がってまた石油危機になるんじゃないかと言っているエコノミストが、日本にもいるが、分かってないね」と言った。

「つまりアメリカにとって都合のいい石油価格にするために、あるいは石油価格の実質的な決定権をアラブ諸国からアメリカが奪うために、戦争をしたいわけだ」と聞くと、

「それは、いくらなんでも強烈にすぎる表現だが、否定するのは、間違ってるね」とウィンクした。

ちなみに、わたしはアメリカ人だろうが、フランス人だろうが、男性のウィンクをみると食欲がなくなる。冗談ですが、ほんとの冗談です。

こちらは食欲がなくなったが、関係者は赤ワインに心地よく酔ったようで、ズバリの話をしてくれた。

「いま石油価格は一バレル三〇ドルを超えて、だいたい三五ドルぐらいのあたりをウロウロしている。これをまず、下げねばならない。これでは、われわれのような輸入国には楽しくない価格だからね。しかし、下げすぎてもいけない。わが国は、産油国でもある。価格が下がりすぎると、政権にとって大切な、ある方々が悲鳴を上げるんだ」

「それは、テキサスの中小石油業者だね」

「おお、その通り。彼らのためには、一バレル一〇ドルを切るようなことがあっては絶対にいけない」

「すると二〇ドルあたりにしたいわけだ」

「正解。いや、ちょっと惜しい、正解に近い答えだね。二〇ドルあたりにしたいのじゃなくて、するんだ。アメリカが、必ず、するんだ。世界にとってそれが必要だから。イラクをアメリカが押さえても、アメリカが石油のすべてを握るわけじゃない。しかし石油価格という、世界経済の死活問題をアメリカが握ることができるようになる。われわれは、そう考えているね」

わたしは正直、「世界経済がこれからどうなるかを決める、秘密の扉がいま眼のまえで、音もなく開いたんだ」と内心、昂奮《こうふん》して震える思いだった。

しかし関係者には、こう応えた。

「世界にとってそれが必要だから、とあなたは言ったけど、テキサスの中小石油業者のために下がりすぎないようにするとも、さっきは言ったよね。テキサスが世界なのかい」

「おお、もちろん。テキサスは世界の中心さ、わがブッシュ・アドミニストレーション（政権）にとってはね」

そして彼はまたウィンクをし、わたしはデザートを食べる食欲まで奪われて、ダブルにしたエスプレッソを苦く、飲んだ。

さて、読者とわたしは、この中華レストランを離れて、地位の高い当局者と向かい合っている会議室に戻ろう。

「イラクにはオイルがあり、北朝鮮にはオイルがない。イラクには味方がなく、北朝鮮には味方がある」と真っ直ぐに語ってくれた彼に、「石油がフセイン大統領の戦略物資になっていることを、変えたいんですね」と確認した。

当局者は、黙って深く頷いた。

オイルを考えるとき、価格だけを考えるのは正しくない。石油は、単に売り買いされる商品があるだけではなく、まさしく戦略的な物資だからだ。

イラクのサダム・フセイン大統領は、最悪レベルの独裁者であっても生き残るために、したたかで巧妙な戦略家でもある。

世界第二位の埋蔵量を持つオイルを、不充分な採掘しかできないままであっても、舌を巻くほど有効に使っている。

先に、こう書いた。

イラクは経済封鎖されているにもかかわらず、西隣のヨルダンの首都・アンマンとバグダッドとの間には大型トラックがひっきりなしに行き来している――。

なぜだろう。その謎が、この石油を使った「サダム流裏外交」なのである。

イラクのサダム・フセイン大統領（当時）はなんと、ヨルダンが消費する石油を全量、完全に無料、タダで提供している。

ヨルダンはオイルもなければ水もない国だ。国の規模としては小さいから、世界第二位の石油埋蔵量を持つフセイン大統領にしてみれば、それぐらいタダでくれてやっても、なんということはない。

ヨルダンはその代わり、トラックを中心とした交易を認めている。

そしてヨルダンは国民、庶民感情は別として、王家と権力者たちは中東きっての親米派である。

つまりアメリカは、フセイン大統領のこの巧妙な裏外交をよく知りつつ、ヨルダンでの足場を失いたくないために、知らぬふりをしている。

ヨルダンを親米から反米、あるいは「非米」に追いやらず、しかもこの腹立たしい経済封鎖破りをどうすればいいか。

アメリカがそう考えたとき、戦略は一つしかなくなった。

バグダッドを自らの手に握ることだ。

アメリカはなぜ湾岸戦争でフセインを殺さなかったのか？

かつてブッシュ現大統領のお父さんのブッシュ元大統領が、一九九一年の湾岸戦争で圧倒的に勝利しながら、バグダッドには侵攻せず、サダム・フセイン大統領を温存した。

その理由については、この一〇年以上、さまざまな臆測が飛び交ってきた。

しかし根っこに二つの大きな理由があったことは間違いない。わたしはそれを、当時高官だった人に直接、確認した。

一つは、フセイン大統領を排除すると、喜ぶのはイランだからだ。

イランは、ホメイニ師を担いでイスラーム革命を起こし、パーレビ国王を追放して「イラン・イスラーム共和国」を正式国名としている。イスラーム教シーア派の国として、イラクと憎みあって敵対している。

アメリカにとっては、現実主義的なイスラーム教スンニ派の国、イラクの方がまだマシだ。

イランの首都テヘランでは、外交特権を持っているアメリカ大使館が、イラン政府が養っていた「イラン革命防衛隊」に公然と占拠されて、長いあいだ苦しみ抜いた。

その記憶はまだ消えていない。いや永遠に消えない。

だからフセイン大統領を温存して、イランの勢力伸長を食い止めさせておくしかなかった。

バグダッドに力の空白ができれば、アメリカにとって悪夢のようなイランが手と足を伸ばしてくる。それはアメリカにとって耐え難い。イランはホメイニ師の死後、ある程度の民主化を進めているが、本質は変わっていない。

アメリカはそう考えているから、ブッシュ大統領が二〇〇二年の一般教書演説で「悪の枢軸」と呼んだなかに、イラク、北朝鮮と並んでイランが入っているのだ。

むしろアメリカにとって一番、神経がざわめきたつのはイランである。それに現在は全く手をつけていない。これをみれば、アメリカvs.「反アメリカ」の死闘は気が遠くなるほど長い時間、まだ続いていくことが分かる。

だからお父さんのパパ・ブッシュ大統領（当時）は、バグダッドに攻め込まなかった。

もともとサダム・フセインという人は、アメリカのＣＩＡが「イスラーム革命の拡散を食い止めるために」と育て、養ってきた現実派の軍人政治家だ。

それがスポンサーの思惑を超えて、独裁者に徹し、反対者をすべて殺し、生物・化学兵器を開発して所有し、使って、隠し、ソ連崩壊の影響もあって核兵器にまで手を伸ばそうとした。

こうした経緯を過去のもののように語る人がいるが、そうではない。たった今の現実である。

だからお父さんのブッシュ元大統領は、湾岸戦争の最後に「そうだった、サダムは悪魔の国イランを食い止めるために必要だったんだ」と思いだして、バグダッド侵攻をやめ、アメリカに引き揚げていったのだ。

それを息子のブッシュ大統領と、その仲間は、失敗だったとみていた。

「おやじさんのミスのために、サダムは完全につけあがった。『アメリカは、俺と戦争したって最後は俺を殺せないんだ』と思い込んだ。この男を殺しておかないと、アメリカがやがて世界からなめられる原因になる」と、息子さんたちは考えたのである。

特に、息子のブッシュ大統領たちが許せないのはサダム・フセイン大統領が石油を戦略物資として、裏外交の特効薬として、自在に使っていることだ。

オイルをそんな風に戦略的に使うなんて、許せない、それができるのはアメリカだけだという意識がある。

オイルは、おもにアラビア世界から産出されるのだから、アラビア人がそれを売って大儲けして、特権階級が退廃した享楽生活を送ろうとも、それは勝手だ。

しかし戦略的に活かして使うのは許せない。

これがアメリカの本音である。

わたしは殺風景な会議室で、当局者に「オイルを戦略物資として使う聖域に踏み込んだ、生意気なアラブ人に、いよいよ見せしめの鉄槌を下すわけですね」と言った。

当局者は「サダムがアラブ人だから、排除する訳じゃない。サダムがサダムだから排除するんだ」と応えたが、声に元気がない。

わたしは「お父さんのパパ・ブッシュ大統領が、バグダッドに攻め込まなかった理由は、一つには力の空白ができるとイランが出てくるからです。その事情は変わっていない」と言った。

当局者は、小さくうなずいた。

「もう一つの理由も変わっていない。フセイン大統領が生物兵器、化学兵器を本格的に、いや見境なく使ったら、兵として送られたアメリカの若者がいったいどれほど死ぬのか、生き残った者もどれくらいひどい後遺症に苦しみ続けるのか、見当もつかないから、お父さんのパパ・ブッシュ大統領はそれ以上、兵を進めなかった。これも事情は同じじゃないですか」

当局者は、「同じと言えば同じだが」と応えてから、すこし迷うように「今は化学防護服も良くなったし、みなに行き渡ったし、だいぶん違うよ」と続けた。

この人は地位が高いのに、なんて正直な人だろうか。馬に乗ったら馬が潰れてしまいそうな身体になってはいるが、まさしくカウボーイだ。

ちょっとした嘘をつこうとしたら、すぐに迷いが顔に出るのだ。

わたしは同情を顔に出さないようにして、言った。

「それは嘘ですね。いくら化学防護服が良くなって、みなに仮に行き渡っても、肝心の口と鼻を覆うフィルターが足りない。フィルターがなければ、防護服が防護服にならない。防護服と言ったって、外の空気を吸っているんだから」

当局者は、うっと押されるように身体をいくらか後ろへそらせた。

わたしはまるで相手が一般の人でもあるかのように、あえて基本的な話を続けた。

「このフィルターは、特殊技術で作るわけだけど、メーカーが限られているから、供給も限られる。仮にフセイン大統領がやけくそで生物・化学兵器を狂ったように使っても、戦争が短期で済めば、たぶん問題が外に出ることはない。しかし長期になれば、もうフィルターが足りなくなる。そもそも空気中に兵器級のウイルスや細菌、毒ガスが溢れたときに一枚のフィルターがいったい何時間持ってくれるのかも、よく分からない。人類はいまだ、本格的生物・化学戦を体験していないのだから」

当局者は、やや青い顔で黙ってわたしを見つめている。

この人は、アメリカの息子たちの運命を本気で、心の奥から、心配しているのだ。

世界で巻き起こった反戦運動が「オイルのために血を流すな」というスローガンを掲げているのは、決して情緒的な話ではなくて現実だ。

そして、その血は、たとえば銃で撃たれて、軍用ナイフで刺されて流れるだけではなく、ウイルスや毒ガスに冒されて、眼、耳、鼻、口といった全身の穴という穴から噴き出る黒い血ということが、実際にあり得る。

だから反戦運動のデモ隊の掲げるプラカード、「ノー・ブラッド・フォー・オイル」（オイルのために血を流すな）は、実は当局者の胸のなかに、世界の人が知らないリアリティで迫っているのだ。

「それでも、イラクに行くのですか」

こう聞くと、当局者はきっぱりと「行く」と即座に答えた。

少し考えてから、「あなたは、イラクにはオイルがあり、北朝鮮にはオイルがない、こう言った。そのあとに、イラクには味方がなく、北朝鮮には味方があると言いましたね」と話しかけた。

スチールの冷たいテーブルの上を見ていた当局者は、顔を上げて、頷いた。

「北朝鮮の味方とは、第一には中国ですね」

「そう、もちろん」

第七章

アメリカが警戒する日本の「新中国派」

中国はなぜ北朝鮮の味方であり続けるのか?

中国が北朝鮮の「味方」でいるのは、もはや社会主義の大義と言ったお題目とは何の関係もない。

中国は、社会主義という政治的独裁の皮をかぶった資本主義国だからだ。それも社会的公正さを追求する努力の無い、過去の、最悪の時代の資本主義の国だ。

中国が北朝鮮よ、存続してくれと願っているのは、自分の喉元に親米勢力が上がってくるのは困るからにすぎない。

日本人は島国で生きてきたから、どうしても「地政学」というやつが苦手でいる。だが、世界では地政学が何よりも基本だ。どの国も地政学によって外交を動かしたり止めたりしている。

日本でたまに地政学を講ずる人がいると、なにやら、やたら難しい話になることが多い。しかし世界の国を動かしている行動原理が、そんなに複雑でややこしいものであるはずはない。頭でっかちで研究室の小窓からだけ世界を見ていると、実際には存在しない「偽の地政学」を編み出したりしてしまう。

中国の地政学は、極めてシンプルだ。

脅威のある他民族と、直《じか》に接していたくない。必ず、バッファ（緩衝地帯）を置かないと安心して暮らせない。

わたしはこれまで、中国人民解放軍に関係のある地位の高い人や、中国共産党の支配戦略を練っている社会科学院のひとたち、たくさんの支配側の人々と直接、中国で議論してきた。

中国人の英語はまだ、信用できない。

一度、中国におけるアメリカ学の権威という人と約束して会ったら、ほとんど理解不能の「ひょっとしたら英語のつもりかなぁ」という感じのもので、大変に困ったことがある。わたしは中国語がタクシーに乗るぐらいしかできないので、いや、もっと根本的にできないので、中国の人たちと議論するときは、相手が日本語ができない限り通訳を使っている。

しかし、日本の戦争責任や「日本軍の南京入城のときに虐殺はあったか」という歴史の問題、あるいは台湾をどうするかなど生の課題、そういった日中間でもっとも敏感なテーマに全部、ぐいぐい突っ込んでいくと、「アメリカ人もびっくり」と冗談を言いたいぐらい胸を開いた対話ができる。

このような対話をする人を、読者には意外かも知れないが、日本の外交官の中にもいるのをわたしは体験した。

外務省のチャイナ・スクール（中国専門家の集まり）は、とかく悪口しか言われない。だが、わたしがたとえば社会科学院の人と議論する席に同席した、当時の駐北京公使だったKさんは相手が「日本の軍国主義復活」という話をし始めたとき、「あんた方にそんなことを言われる筋合いはない。だいたい、あんたたちは核武装をして、弾道ミサイルを日本にも向けているじゃないか。われわれは、核は持たないし、弾道ミサイルだって持ってない」と厳しい口調で糾弾した。

わたしは正直、ほんとうに驚いた。

アメリカが専門の日本の外交官が、アメリカ側にこんなことを言うのは一回も聞いたことがない。

これを「アメリカには属国意識、従属意識だけで、中国には本心は差別意識があるから、そんなことが言えるんだ」と評した元外交官がわたしの友だちのなかにいるが、公平な見方だと思わない。

この駐北京・日本外交官は立派だったとわたしは思う。

やはり日本と中国には、根っこが同じという気安さが、意識の底にあるのかも知れない。

だいたい、通訳を使いながら漢字を活かして筆談もできる。これは相手の地位がどんなに高くても、親しみがぐっと増す。

もっとも中国では「手紙」はトイレットペーパーだったり、面白いほど意味が違っていることもあるから、注意は必要だが、それも楽しい笑いをハードな議論のなかで巻き起こしてくれたりする。

話がそれた。話を戻すと、こうやって中国の権力側の人々と直に接していくと、「ああ、この人たちはいまだに、匈奴《きょうど》（前三世紀頃から中国を脅かした北方民族）への恐れから抜けきれないいんだなぁ」と、はっきり分かってくる。

中国人が「人類の大偉業」と胸を張る万里の長城も、この匈奴をはじめとする周辺民族の侵入に苦しむあまり、造ってしまったものだ。

アメリカの属国か、中国の属国か⁉

わたしは共同通信のまだ新人記者に近かったころ、初めて中国に出張してプレスバス（記者団を集団「収容」したマイクロバス）に乗って万里の長城へ向かった。

「通訳兼スパイ」として同乗していた若い中国人が「この偉大な長城は、中国人がいかに平和的な素晴らしい民族であるかの象徴であります。たとえ野蛮で凶悪な周辺民族でも相手を攻めたり殺したりせず、あくまで平和的に長城を築いて守ったのであります」とマイクを握って話した。

わたしは手を挙げて、言った。

「それはフェアじゃないな。はっきり本当のことを言えば、中国は戦争が弱かったから、半分無駄と分かりながら、長い塀を築くしかなかった。現に、中国四〇〇〇年の歴史と言いながら、ずっと中国が続いてきたんじゃなくて、途中でモンゴル人に征服されて、名前は元という中国名だけど権力は中国じゃない国になってしまっているじゃないですか。自分の国と歴史を誇る精神は大好きだけど、あくまでフェアに見た方がいいんじゃないか」

この若い男性は、実に長いあいだ黙って、やはり若かったわたしを見つめていたが、最後に無言でぺこり頭を下げた。

日中の交流がまだ浅かった頃だから、このときの日本人記者団のなかには緊張と不安のあまり、「蘇州夜曲を聴かせてやる」と突然、マイクを奪った全国紙、毎日新聞の記者がいた。その見開かれた両眼は中国への恐怖感でいっぱいにみえた。

それに比べれば、このぺこりは、まさしく清新でフェアだった。

（ちなみに、この毎日新聞記者は他の記者に「おまえが中国人だったら他国が占領していた時代の歌を聴きたいか」と言われると、急に静かになった。現在は親中派新聞の毎日は元はこうだった。）

中国は今でも、周辺にバッファを置くことに熱心だ。

だから北朝鮮の存在を守りたい。

北朝鮮が滅んでしまえば、韓国によって統一がなされ、中朝国境で直接、親米勢力と接することになる。

韓国の新政権（当時の盧武鉉《ノムヒョン》大統領）の反米姿勢が話題になっているが、実際はまだポーズと言うべきもので、日本と同じように韓米関係を軸にして生きていく以外にない。

ただ、韓国の新政権にこうした「アメリカって嫌だ」という傾向が現れ、だからこそ事前の予測を覆して大統領選挙にも勝った背景には、中国のこうした「親米勢力がわれわれの喉元まで上がってくるのは困る」という根本的な感情が深層になっている。韓国の本音は遠いアメリカより頭上の中国に寄り添いたい。

韓国の指導的な人々と数多く直接会って、議論した結果の感触だ。

韓国が隣のかつてのハイパー超大国、中国の巨大な圧力を感じてきた歴史は、アメリカとの歴史とは重み、長さが比べものにならない。

これは日本だって同じで、これから中国がより軍事力、国力を伸ばしてきた場合には、日本にも必ず新しいタイプの「親中国・非アメリカ派」が登場してくるから、わたしたち国民は事前に充分に注意する必要がある。

つまり「アメリカの属国でいるのをやめる代わりに、中国の属国になろう」という一派である。

わたしはすでに、防衛庁（当時）の文民幹部から「新世紀は、日中枢軸路線で行くべきだ。だから、その意味でアメリカとの関係を見直していきたい」という発言を聞いて、仰天している。

中国は、思想の自由、言論の自由を許していない共産党独裁の国なのである。

経済活動がほとんど自由化されている、急激に資本主義化しているからといって、その「人間の根本的自由」の問題を素通りして中国に自ら取り込まれようとするのでは、先の大戦でわたしたちよりたまたま先に生きた若者が流した血は一体どうなってしまうのか。

わたしたちは、戦場に行くほかなかった男たちの無念の死と、アメリカ軍による東京をはじめ全国への空襲と、広島、長崎への原爆投下が強いた女性や老人、子供たちの無惨な死によって、ようやく日本オリジナルの民主主義を、すべてではなくとも護り通したのだ。

これはアメリカが押しつけた民主主義ではない。未来永遠に護られねばならない、わたしたち自身の「価値」である。

アメリカの当局者に会議室で「アメリカが考える北朝鮮の味方は第一に、中国。第二には、新しい政権ができた韓国ですか」と聞いた。

当局者は「その通り、正解だ」と答えて、さりげなく「そして場合によっては日本だね」と付け加えた。

日米の外交・防衛交流の場で、この当局者はわたしと同じように、「新しいタイプの親中国・非アメリカ派」がやがて登場してくる気配を感じ取ったのではないかなと、そのとき考えた。

つまり、中国の意を受けて、北朝鮮の現状維持を望む勢力が日本に出てくる可能性を、この当局者は示唆しているのだろう。

とっさに、「わたしは中国に行くたびに、民衆の不屈のエネルギーを感じる。そしてアメリカも好きだ。こんなに開放感あふれる国は他にない。そして日本が一番好きだ。なぜなら良くも悪くも、祖国だから。わたしの祖国は、これから、自分の頭で考える国になる。アメリカとも中国とも、フェアな関係を築く。信じていてください」と言った。

当局者は、無言で分厚い手を差し伸べた。

固く握手をした。

いつまでも親米派でいますよ、という握手ではない。自らと他者、他国の誇りを大切にし、精神の独立を大切にする者に素直に共感するアメリカ人は、政府にも民間にも沢山いるのだ。

時間もずいぶんと経っていた。

わたしは当局者が立ち上がると思った。

予定時間をはるかに超えているのだし、今日の議論はこれで終わりだろう。

ところが当局者は、熊よりも大きい（まったく誇張ではない）尻を、どっかと降ろした椅子から上げようとはしない。

わたしは急に、椅子の運命を心配した。愛想のないスチールパイプの椅子だが、もう耐えかねてバラバラに分解しそうだ。

当局者は「アオヤマ、あんたはドイツの戦争反対をどう見てる」と聞いた。

第八章

なぜドイツとフランスが「反戦」なのか

戦争に反対するドイツ政府の笑えない実態

わたしは、独立総合研究所（独研）が政府や民間から受託した研究のなかで、日本にテロ対策を確立するために、ドイツへ何度も出張している。

独研の首席研究員（兼・代表取締役社長）として、あるいは経済産業大臣の諮問機関「総合資源エネルギー調査会」の専門委員（エネルギー安全保障担当）としての公務だから、委託研究のテーマと直接関係する中身は、たとえ相手が誰だろうが、言うわけにはいかない。

しかしそれに付随して、いわば貴重な大切なおまけとして、いろいろな感触をダイレクトに掴むことが少なくない。

それなら、お互いに意味の大きな、そして楽しい情報交換として話し合える。

アメリカの当局者もそれを知っているから、「ドイツはほんとうは一体何を考えてるんだい」と聞いてきた。ドイツがイラク戦争に強く反対したことをめぐっての問いだ。

わたしは「時間はあるんですか」と聞いた。

内心で、やぶ蛇かなとは思った。ひょっとして次のアポイントメントをこの人が忘れているだけなら、この一言で思いだし、わたしは超多忙なこの人とさらに突っ込んで話し合う貴重なチャンスを失うことになる。

しかしドイツ人がそれなりに、必死になって戦争反対と叫んでいることについて、あまりいい加減なことは言いたくなかった。

逆にもしも、まだゆっくり話せるなら、じっくり話したかった。

当局者は熊の手首みたいな手首のうえでオールドスタイルの金属ベルトが伸びきっている時計を三〇秒ほど見て、「いや、まだ、あなたと話す」と言った。

日本のように、秘書さんが紙を持って入ってきて高官に見せ、それだけで客に退席を促すという光景は、欧米ではほとんどみない。

当局者が、そう答えてくれたので、わたしはベルリンのホテルの話から始めた。

いつも、ベルリンの旧東ドイツ地区のホテルに泊まる。

ベルリンはいまだに、かつての「ベルリンの壁」の両側で街のたたずまいがくっきりと分かれている。

わたしは、旧東ドイツ地区の、ちょっとうら寂しいが飾り気のない素朴な雰囲気が気に入っている。

壁が民衆のエネルギーで壊されて、もう一四年目になるが、東ドイツとして戦後を生きた街と西ドイツとして繁栄した街には、見えない壁がある。

旧東ドイツ市民は、多くの人が生活苦に直面している。

同時に、旧西ドイツ市民も、東ドイツを吸収したコストをかぶって高まった失業率に悪戦苦闘している。

その失業自体、旧東ドイツの人々に多いのだが、旧西ドイツの人たちも無縁ではいられない。

「日本も失業率が高いんだろう」と、ある種の救いを求める眼で聞いてくるドイツ人に、「少なくとも政府発表の数字では、日本の失業率は五％台なかばだよ」と答えると、眼を丸くして「それじゃ、アメリカより低いじゃないか」と例外なく叫ぶ。

無理もない。

ベルリンでもボンでもフランクフルトでも、わたしが試しに覗いてみた職業紹介所は、中高年だけではなく、体力もあり学歴も良さそうな若者が必死の顔つき、あきらめの漂う顔つき、やり場のない怒りの顔つき、さまざまな表情で、仕事にありつけないまま溢れていた。

当局者は、じっと聞いている。

彼のような立場で、こうした職安のような場所をありのままの姿で見るのは難しい。それは日本と同じだ。

わたしは「だからドイツ人たちは東西両ドイツ統一の歓喜が静まったあと、どこか元気がなかったんです。ところが今、たいへんに意気軒昂で、元気になりました」と言った。

当局者は大苦笑した。

「つまり、アメリカ反対、戦争反対、ヤンキーゴーホームと叫ぶのが、カラ元気のもとになっているわけだ」

「カラ元気かどうかは、ふつうの庶民、国民と、権力者を分けてみる必要があると思いますね」

「ふうん」

「国民は、いわば戦後初めてアメリカにどんと盾突いて、これが新しい出発点になる可能性があると思いますよ。第一次大戦のあと、戦勝国にいじめられて、それがドイツにファシズムが到来する動機になってしまいましたが、今度は違うと思うな。まだ、どういう近未来を国民が指向するのか分からないけど、これは同じ敗戦国としてわたしたち日本人には分かり、あなたたち勝者には分からないところがある」

「おいおい、アオヤマ。あんたは、そういうことを言わないのがいいところなんだから、分からないと言ってしまっては、おしまいだ」

反省した。確かに、分からないと言ってしまっては、始まるはずのものが始まらないまま終わる。

「その通りですね。ごめんなさい」

「いや、いいんだ。それより、アオヤマの言う、ドイツの権力者の側はどうなんだ」

「彼らの戦争反対は、動機が不純だと思います」

「ははは。例によってアオヤマは、そいつをそのまま、ドイツ政府の人間に言ったな」

「言いましたよ、ご明察」

「そいつは勇敢だ。あの理屈っぽいドイツ人に、よくそんな議論をふっかけられるな」

「いや、勇敢じゃないです。謙遜じゃないですよ」

「日本人は、アロガント（傲慢）なアメリカ人と違って、謙譲、謙遜を知る人々だとわたしは思うがね」

「うはは、あなたこそ謙遜してるじゃないですか。あ、謙遜じゃなくて、本音か」

当局者は、あっはははと熊のように笑いながら（熊は笑わない）、「あんたは、どうして勇敢じゃないんだ」と訊いた。

「だってですね、わたしが、戦争反対の動機が不純だよと話したドイツ政府の高官は、自分の役所の大臣に日々、疑念と怒りを抱いて仕事をしていますから。その大臣を含めて、ドイツ現政権が不純だよと言われるのは、むしろ快感だったみたいでした」

ドイツのシュレーダー政権（当時）は、社民党と緑の党でつくっている。

このドイツ高官（官僚）は、上司、すなわち大臣が緑の党出身だ。この人と会うとき彼はまず、自分の役所の、それもふだん使っている会議室なのに、わたしとの会話が始まる前に机の下を眼と手で探ったり、コンセントを抜いてしげしげと眺めたり、奇っ怪な行動をする。

盗聴器が仕掛けられていないか、調べているのだ。

まるで役所内スパイ戦争、さすがドイツ、やることが徹底している。諜報活動が大好きなアメリカでも、こんなことは一度も経験したことがない。

この高官は会議室から、自分の執務室にわたしを招き入れるときも、同じ行動をとる。いちいち鍵をかけて会議室に出ているのだが、不在中に合い鍵で大臣側、あるいは緑の党シンパが入って盗聴器を仕掛けていないか、調べるわけだ。

アメリカの主導する戦争に真っ向から反対しているのは、こんな政権なのだ。

シュレーダー首相の不純な動機とは？

先に行われたドイツ総選挙で、シュレーダー政権は野党の保守勢力に大敗して政権の座から転落することは必至と言われた。

これは不思議でも何でもない。こんなに経済が悪く失業率が高いまま選挙戦に突入すれば、政権党は必ず負ける。

総選挙まえのシュレーダー首相の顔には、職安でうろつく若者の顔とはまた別の、権力者が権力を失う直前に現れる特有の不安と焦燥が浮かんでいた。

それを大逆転する魔法、スーパー・スペシャル・マジックがすなわち、「戦争反対」だった。

野党の保守勢力は、アメリカとの同盟関係を重視する立場と責任から「戦争反対」とは、どうあっても言えない。

そう見切って、「やつらにできなくて、われわれなら無理をすればやれなくもないのは、戦争反対、アメリカ反対だ」という選挙戦術を編み出したのだ。

この戦術は、想像を絶する効果をあげた。

「アメリカが経済でも一人勝ちしているから、ドイツの経済もここまで悪いんだよ、くそっ」という感情、あるいは「アメリカは、東ドイツを崩壊に追いやって、つまりは東西ドイツの統一を後押ししておきながら、そのコストは全部、西ドイツに押しつけた。アメリカは世界の無責任な圧制者さ」という感情に、この「戦争反対」がぴたりと、はまったのだ。

いずれもわたしの推測ではなく、ドイツで知りあった若い市民がわたしに吐いた言葉だ。

ドイツ人は意外なほど英語が話せないが、若い世代にはやはり英語がうまい人もいる。ドイツで知りあう中高年はどうしても、直接の仕事関係がある政府関係者が多くなる。この人たちはもちろん、簡単にはアメリカへの感情を出さない。

逆に若い世代と知りあうと、ほとんどみな、失業率の高さに怯《おび》え苦しむ「怒れる若者」だ。

中高年ドイツ人のアメリカに対する感情はおそらく、もっと複雑怪奇なのだろう。

その中高年の胸の内も推し量れる気がするが、この本は、推測を書かないという原則を掲げているから、これ以上書かない。

しかし問題は若い人の感情だった。

ドイツでも若い世代は、滅多なことでは選挙になど行ってくれない。それが、この「戦争反対、アメリカ反対」のマジックに乗って、たくさんの若者が投票所へ生まれて初めて現れた。

かくして結果は、シュレーダー首相のマジカル逆転勝利となった。

シュレーダー首相という権力者にとっては、自らの政治権力を死守するために造り出した「反戦」と言っても、偏っているとは言えない。

市民、国民にとってはまた別だ。

反アメリカの感情も強く作用しているが、「殺すな」というほんとうに純な思い、イラクのフセイン大統領がどうであっても、なぜ女性や子供のうえに爆弾を落とさねばならないのかと反対するドイツ人は、とても多い。

それは日本人も含めて、世界中のふつうの人と同じだ。

特に今回の戦争は、バグダッドを支配して「親米英」の政権をつくると実質的にブッシュ大統領が宣言してしまっている。

それを言うのを我慢していた英国の優れた指導者トニー・ブレア首相も、反戦運動の高まりに耐えきれず、ついに労働党の集まりで「フセイン大統領を倒して新しい政権をつくるのが戦争の目的だ」と強く示唆してしまったから、軍事目標だけを叩くと宣言していた一九九一年の湾岸戦争とはわけが違う。

いわば本物の戦争、一つの国家体制を完全に転覆することを目的とした戦争だから、フセイン大統領の「人間の盾」戦術を別にしても、ふつうのイラク人の大量死は充分に予想される。

世界の反戦運動を、センチメンタルな動きとして斜めに見ている安全保障の専門家は実は非常に数多いが、わたしは専門家の端くれとして、今回の戦争についてはこうした「斜め見」に明確に反対する。

フセイン大統領の独裁の「被害者」をも大量殺戮する恐れが強い戦争であって、そうした死をしっかり考えに入れることが、センチメンタリズムであってなるものか。

おセンチだよねと思ったり、仲間内で話している専門家は、殺される人々のなかに自分を置いてみる想像力が欠落している。

想像力を欠いた専門家ほど怖いものはない。

想像力を大切にしなかった科学者が、核兵器を産み出したこと一つ考えても、それが正確にわかる。

さて、権力者であるシュレーダー首相のことに戻ろう。

ドイツに厳しいアメリカ、フランスに甘いアメリカ

シュレーダー首相は、自らが叫ぶ「反戦」が権力維持のツール（道具）である証拠を、自分で背広のポケットから出してしまった時期が、実はあった。

シュレーダー政権は総選挙が終わったあと、さほどの時間も経たないうちに国防大臣をワシントンＤＣに行かせようとしたり、アメリカに詫びを入れる気配を濃厚にみせた。

戦争反対から戦争協力へ露骨な転換をやる様子をちらちらと覗かせて、国民の反応を明らかに探っていた。

ところがシュレーダー首相の想像など、はるかに超えてドイツ国民は怒った。

この社民党政権はただ国民に怒られるだけでは済まずに、せっかく権力の座に無事に

しがみついたシュレーダー首相がひょっとしたら辞任に追い込まれるかという政治情勢に陥りかけた。

シュレーダー首相にすれば、前門の虎、後門の狼だ。

世論を裏切れば首相を追われ、アメリカと敵対し続ければドイツ全体の運命が不安定になる、社民党の中も持たない。

その挟み撃ちになったわけだ。

このシュレーダー首相を助けたのが、世界の反戦世論の高まりと、フランスだった。

イラクのサダム・フセイン大統領は、外国の石油資本のうち三か国だけに参入を許してきた。ロシア、中国、そしてフランスである。

フセイン大統領に代わってブッシュ大統領が戦争によってイラクの油田採掘権を再分配するケースに備えるために、三か国には二つのオプション（選択肢）しかなかった。

ブッシュ大統領にいち早く媚びて「戦争支持」を表明し恩を売ろうとするか、むしろ当初は「戦争反対」を表明して自分の存在感や値打ちを高めてから実質的な賛成に転じ、戦後の再分配交渉を有利にしようとするか。

いずれも外交上手な三か国は、後者を選んだ。

とくにフランスは、石油だけではなく、アメリカがこの戦争、新しい湾岸戦争で世界の新秩序をつくろうとすることに、EU（ヨーロッパ連合）がどうやって立ち向かうか、その戦略論からも「アメリカに対等な相手と思わせる」必要があり、それには戦争反対と厳しく言ってみせるしかなかった。

そしてEUはフランスとドイツの両輪で動く。

世論とアメリカの挟み撃ちで身動きできないシュレーダー首相に、フランスのシラク大統領（当時）は助けの手を差し伸べて、独仏の首脳がそろって姿を現して共通の表現で「アメリカ反対」「戦争反対」をアピールする場を積極的につくった。

シラクが、シュレーダーの迷いを断ち切ったのである。

わたしと会ったドイツ政府の高官は、シュレーダー首相を「要は日和見主義者さ」と一言だけで評した。

内心で「なんだか懐かしい言葉が出てきたな」と思って、おかしかった。日和見主義は、日本でも左翼運動が盛んだったころに、相手をいちばん罵倒する言葉としてよく使われた。

英語だと、オポチュニストとかフェンス・シッターという。フェンス、塀の上に座って様子を見ている人、どちらが勝ちそうか分かると塀から飛び降りてそちら側に行く人とは、わりとうまい表現だ。

フェンスに座る権力者、シュレーダー首相はフランスの誘いだけでは、塀から飛び降りることがまだできなかったかも知れない。

だが戦争反対のデモが世界で渦巻き、シュレーダー首相は「これならドイツが孤独地獄に陥る心配はないようだ」と考えた。

そしてシュレーダー首相の社民党と連立政権を組む「緑の党」は、世界の反戦ムーブメントに歩調を合わせるよう、政権内部で激しく迫った。

こうやって、シュレーダー首相は「わたしはずっと一貫して、アメリカの戦争に反対してきたのだ」と演説し始めたのである。

国際社会はリアルな生存競争だから、こうした身のこなしが、一国の指導者としてそう悪いわけではない。

しかし、アメリカのミサイルと爆弾の下で脳みそを吹き飛ばされる子供や女性をほんとうに思って行動したのではない。

ドイツ政府高官は「シュレーダーの足の爪の先から髪の毛一本まで、権力への執着しかないいさ」と吐き捨てるように言い切った。

ふだん温厚なこの人が、びっくりするような大きな声で強く発言したために、最初は英語ではなくドイツ語に聞こえてしまった。

そして、わたしが電話で話したフランス政府の高官は「シラクとシュレーダーは、座っている塀の種類が違うのさ」と言った。そのまま黙ってしまった。

フランスの当局者たちは、相手がユーモア好きと思わないと、なかなか本音を喋ってくれない。

わたしは思わず、ロンドンのホテルの受話器を力を込めて握りしめながら懸命に考えた。

いろいろな国の当局者との会話は、一つ一つが戦場のようなものだ。まず相手が相手だから、つかまえること、話をできるチャンスを見つけることから簡単ではない。

だけど戦場みたいだからこそ、リラックスしていないと、やっていけない。

「ひょっとして、シラク大統領はバスティーユ監獄の高い塀の上から見ているけど、シュレーダー首相は、壊れたベルリンの塀の瓦礫の山の上で見ていると言いたい？」

やれやれ、フランスの当局者は「おほほぉう、面白いじゃないか」と言ってくれた。しかし彼が考えていたことと同じだったのかどうかは言ってくれない。

バスティーユ監獄の塀は、一七八九年のフランス革命のとき蜂起した市民が乗り越えた塀だ。

「おたくの大統領の方が、視線が高くて、足下もしっかりしていると言いたいわけですね」と聞くと、「きみがそう思うんだろ。素敵な考えじゃないか」と当局者はのたまった。

ああぁ、粘り腰のしたたかさ！

「フランスの民主主義と国際戦略は筋金入りだけど、ドイツの民主主義は敗戦でアメリカが持ち込んだものだし、国際戦略もナチスのゴリ押し路線の余韻がまだあるとでも、言いたい？」

ついつい、言葉にトゲが入る。

このパリっ子は、トゲのある言葉が前からどうもむしろ好きらしい。急に機嫌が良くなって、「ウイ（その通り）、だからドイツはこの先、フランスみたいに上手に走れないかも知れないよ」と言って電話を切った。

この予言は的中した。

シュレーダー政権の閣僚たちは、ヨーロッパを訪れたアメリカのラムズフェルド国防長官に対してテレビカメラが回っていると知りながら面罵して詰め寄ったり、気の小さな人がエキサイトして言い募ったり、自分で自分が止められなくなっているような具合だ。

同じ「アメリカの戦争反対」を言っているのに、アメリカのブッシュ政権はフランスに甘く、ドイツに厳しい。

ベルリンに二〇年住む日本人の芸術家は、わたしとベルリン郊外の湖畔でドイツワインを呑みながら「わたしの言いたいのは、ただ一つですよ。ベルリンの壁よ戻れ」と言った。

彼は、こんな風に、その驚くべき言葉のわけを話してくれた。

壁の向こうの東ドイツに対抗して、西ドイツに保守政権があった頃は、われわれ芸術家もこんなに生活が苦しくなかったね。

だけど壁が壊れてドイツ人が安心してつくった社民党&緑の党政権は、社会民主主義の理想とやらのために、国民の負担を増やし、経済から自由を奪って落ち込ませたんだよ。

わたしは耳を澄ませて、その芸術家の生活実態を感じていた。

ドイツは、アメリカを離れて生きていけるわけではない。それなのにブッシュ政権のドイツ社民党政権への新しい不信は深まり、ラムズフェルド国防長官らには憎悪の色さえ浮かんだ。

ふつうのアメリカ人に潜むなんとも言えない怖さ

さて、ヨーロッパをめぐるこの短くはない話を、穏やかな熊のようなアメリカの当局者は殺風景な会議室で最後まで聞いてくれた。

一度も時計を見なかった。

彼は最後に「楽しかった。またワシントンに来てくれ」と短く言って、さっと立ち上がり、わたしと強い力で握手し、あっという間に部屋を出て行った。

日本やイギリスなら、一緒に部屋を出て、エレベーターのところまで見送ってくれるのがふつうだがアメリカでは、まず、ない。

それが分かっていながら変に寂しかった。

あの人は、聞きたいことをぜんぶ聞きたかった。それだけなんだな。

そんなことを今さらのように思った。

アメリカ人は、その大きな体の全身がプラグマティズム（実用主義）で出来上がっているという通説がある。わたしは必ずしも、それを信じない。

アメリカ人を含めて世界のいろいろな人と話して実感するのは、にんげんは、違うよりやっぱり似ているということだ。

全身が「何とか主義」で出来上がっている人なんて、そうはいない。

ごりごりの合理主義者にみえて閉口しても、話しているうちに、どこか体温が伝わって親切にしてくれたりする。

この当局者は、特に、そういう人だと思ってきた。

いつものように、あっさりと部屋を出て行っただけだが、どこか違和感がわたしに残った。

エレベーターに乗り、強力な武装警備員が守る出入り口を出て、背の低いビルが並ぶ落ち着いたワシントンＤＣの街を歩いてホテルに帰りながら、ずっと考え続けた。

『俺の話し方が下手だったから、彼が意外に本音を言っていなくて、それを俺自身が直感で感じているから、こんな、よく分からない違和感があるのかな』とも思った。

『それだったら、このヒヤリング（聞き取り調査）は失敗だ。茶飲み話じゃないんだからさ、駄目じゃないか、おまえは』

そう考えると、正直、悲しかった。

しかし歩いているうちに、身体がほぐれてきて、なんだか気持ちが明るくなってきた。

仕事なんだから、ま、いろいろ成功も失敗もあるさ。

これまでずっとそうだったし、これからも、ずっとそうだ。

そこまで考えたとき、違和感の正体が突然、分かった。


あの人は急いでいた。

全身で急いでいた。


彼は「焦る」とか「気が急く」とかが、ない人だ。きょうも現に、時計も見ないで長い話を興味深そうに聞いてくれた。

しかし、どこか全身から異様な気配、まるで生まれて初めて焦っている、心の奥で焦り狂っているような気配があった。

そこをヒヤリングの最中に、もっと正確に感じなければ、わたしのヒヤリングはまだ未熟だ。

だけども、あの焦る気配は一体なんだろう。

頭の奥には、イラクやペルシャ湾、アラビア半島の地図が自然に浮かんできた。

二〇〇二年の五月、ヨルダンのアンマンから小さなジェット機に乗ってエジプトに向かったとき、飛行機はシナイ半島を舐めるように低く飛んだ。

子供の頃に家族と見た映画『アラビアのロレンス』で、金髪の英国将校ロレンスがアラビアの少年二人だけを従者に連れて、シナイ半島の死の砂漠を横切ろうとする。少年一人を砂地獄に呑み込まれて失いながら、ロレンスはついに渡り切り、青い水上をゆく白い船を見る。

その苦難の道を逆に飛びながら、アメリカ軍の兵士のことを、ふと考えた。もしもアメリカが新しい湾岸戦争を始めたなら、こんな砂漠にまた派兵されるんだ。

そのときの思いが、NYと対照的に人も車も少ないワシントンDCで、蘇った。

チェイニー副大統領とラムズフェルド国防長官はイラク総攻撃の計画を立案した当初、アフガニスタン攻略と同じように大部隊を派遣せず特殊部隊と空爆だけで、戦争を終えるプランを主張した。

だから攻撃を予定した時期も、もっと早く、一時期は二〇〇二年一二月から翌年一月にかけてがペンタゴンで想定されていた。

「さっさとやって、冷たいビールの代わりに新しいオイルをジョッキに注ごうぜ」というわけだ。

ところが、これに軍部が強く抵抗した。

砂漠の戦いを安直に考えないでほしい、アフガンとイラクはわけが違う。

そうチェイニーらに詰め寄って、二〇万人を超える大軍を送ることを目指した。それだけの兵士を、慣れない砂漠に展開するとなると準備にも手間と時間がかかる。おかげでわたしたちも、このアメリカの戦争計画についてよく考える時間ができた。

穏やかな熊のような当局者は、アメリカ軍兵士の安全のため、もっともっと増派したいのだろう。だから気が急くのじゃないか。

「さっさとやれ」という上からの圧力をしのいで充分な兵力を送るには、急がないと危ない。

チェイニー、ラムズフェルド、そしてブッシュ大統領が待ちきれずに開戦を命じてしまう。

その思いじゃないかと考えた。

単なる推測ではない。アメリカの諜報機関に関係した人物から、この直前に「イッツ・オンリー・チェイニーズ・ウォー」という言葉を聞いていた。

こんなのチェイニーの戦争にすぎないよ。

わたしは驚いた。

さしてやる理由もないのに、石油資本と深く結びついているチェイニー副大統領のためにおっぱじめる戦争だ。つまり、そう言っている。

このキリンのように背の高い人物から今までただの一度も政府批判、アメリカ批判を聞いたことがなかった。

その言葉、そして、きょうの当局者の焦る雰囲気、いずれもブッシュ政権内部、そしてアメリカ深部の重大な亀裂をうかがわせる。

それにしても、チェイニー副大統領らは、どうしてそこまで政権内部で好きに言えるのだろうか。

確かに「特殊部隊と空爆だけで簡単に済ませろ」という主張は、押し戻された。だが、そんなことを言えること自体が、異様である。

もはやホテルへの方向を外れて、空に突き刺さって真っ直ぐに高く立つ記念碑、白いワシントン・モニュメントへ歩き始めていた。そしてぐるぐると、いくつもの記念碑や記念堂を巡って、ひたすら足を動かした。

そして「チェイニーが孤独じゃないからだ。実は石油資本だけじゃなくて、ふつうのアメリカ人、なんでもないアメリカ市民のなかにある、なんとも怖い、あの感じにチェイニーは支えられているんだ。だから、気軽に騎兵ラッパを吹き鳴らせるんだ」と考えた。

その「なんとも怖い、あの感じ」は、最近、わたしたちの国でもアメリカ資本が平然と日本人に向かって見せつけた。

そして日本の若者は、それを喜んで眺め、感激して涙まで流した。

それはハリウッド映画『パールハーバー』だ。

第九章

ほんとうは恐ろしいアメリカの「誇り」

映画『パールハーバー』に描かれたアメリカの嘘と偏見

この本を緊急出版しようと、編集者が独立総合研究所（独研）へ提案に来たとき、わたしは迷った。

イラク総攻撃、第二次湾岸戦争の足音が近づくから、みんなで『アメリカって何だろう』を考える本をいま出すのは、とても大きな意味、意義がある。

本の売れ行きとかビジネスがどうこうという以前に、すなおにそう思えた。

しかし、まさしくその戦争によってテロはむしろ世界へ拡大すると確信していた。

日本にテロ対策を確立するお手伝いをしているわたしと独研は、間違いなく、これまでよりさらにハイパー・ウルトラ多忙になる。

実際、わずか一〇日ほどでドイツ、北欧諸国、アメリカの東海岸と西海岸を回る出張を準備しつつあった。

果たして、やれるだろうか。

そのとき、長い友人でもある編集者が、こう言った。

「映画の『パールハーバー』が上映されたころ、電車の中で女子大生たちが、あの映画って凄い感動するよ、みんな泣いたよね、よかったと口々に大声で言ってましたよ。つい最近も今度は男子高校生のグループの一人が、今まで見たビデオの中で一番感動したのは『パールハーバー』だったと、冗談ではなく真顔で言っているのを目撃して恐ろしくなりました」


この話を聞いた瞬間、本を出すと決心した。どんなに無理をしてでも出そうと思った。

これは捨てておけない。

そして編集者に言った。

「『パールハーバー』が日本で上映されたとき、ぼくはすぐに観てみました。そのあとに、ぼくの個人ホームページに怒りの一文を載せたんです。怒った直後だから稚拙な表現もある。でもそれをそのまま、本の中に収録することを許してくれるなら、この話、お受けしましょう。緊急出版をやりましょう」

編集者が眼を丸くした。

「それだけが条件ですか」

「そうです。あのときの身体の震える思いを読者と共有できるなら、やります」

こうして話は決まった。

本書のささやかな核心の一つとして、読んでください。

この一文をホームページにアップしたのは、いま振り返れば9・11同時多発テロの三日前だった。


【悲しみ込めて、問う】――2001年9月8日午後11時24分記

作家としてのデビュー作になる小説の第4稿を仕上げるための『最後の参考資料』として、あえて時間を割き、映画『パールハーバー』を観てきた。

(註・昭和天皇の崩御を描いたこの小説はその後、「平成」と題して2002年8月に上梓された)

いま、その感想を詳細に描いている時間はないのだけれど、あまり太平洋戦争史を知らずに観るひと、あるいは観た人に、どうしても話しておきたい、注意喚起しておきたいので、感想の一部を書きます。


この映画は、ウソ、それも悪意のこもった嘘に満ちた、卑劣な、恥ずべき映画です。

真実に触れる部分があると、決して誤解してはいけません。

全編がでたらめであり、それだけではなくて、悪辣《あくらつ》な意図が込められている。

ぼくは、自分の生き方として、自分と意見がどれほど合わない人たち、ないしは、その人たちの作ったものについても、100％の非難をしない生き方を選んでいます。

神ならざる人間の、それが最低限のモラルだと思うから。

だけど、この映画だけは、例外です。

100％否定し、観る人に注意を促します。

観るなとは言わない。

しかし、「観るなら注意してください。大嘘つきの、歪んだ意図がある映画です。騙されないでください」と呼びかける。

この映画の本質を一言で言うなら、THE RACISM　すなわち人種差別主義です。

「白人優越主義」と言っても良い。

このような映画が、真珠湾攻撃から60年を経てなお、つくられ、サンフランシスコ講和条約調印から50周年の今年に、公開されることを悲しみます。

アメリカが自由の国であり、表現の自由が確保されていることは間違いない。

また、確保しなければならないことも間違いない。

しかし、ぼくがアメリカの友人たちを通じて知っていることは、人種差別主義だけは、表現の自由を許されないはずだった。

ハリウッドよ、おまえはここまで卑劣で、愚かなのか。

怒りと哀しみを込めて、そう言わざるを得ない。

まず真珠湾攻撃をめぐる史実、なかでも最近明らかになってきている新しい事実を、意図的にねじ曲げて描いている。

アメリカ海軍の情報部や、ホワイトハウス、ルーズベルト大統領が、「卑劣な日本」に完全に騙されて偽電報で混乱する姿が執拗に描かれるが、嘘八百である。

アメリカ海軍情報部が日本海軍の暗号電報を解読し、真珠湾攻撃を事前にほぼ完全に察知しながら、ルーズベルト大統領がアメリカ国民の参戦意欲をかき立てるために、あえて無視し、ハワイにいるアメリカ太平洋艦隊に知らせず、日本の攻撃をむしろ待っていた事実は、既に、アメリカ人（スティネットら）によって、議論の余地がないほど徹底的に暴かれている。

しかし映画は、そうしたことを無視するだけではなく、事実には存在しなかったアメリカ海軍情報部内の「混乱」や大統領の「言葉」を捏造（ねつぞう）し、あたかも史実であるかのごとくにシーンをつくっている。

次に、日本海軍連合艦隊をはじめ日本軍を描くときに、極めて狡猾に、アメリカ人の観客に人種的優越感を植え付けるような企みが仕組まれている。

日本軍は、真珠湾攻撃を協議する軍議を、なぜか屋外で行っている。軍人たちの周囲には、奇妙な言葉を大書した幟（のぼり）が立ち並び、あろうことか、すぐ側で、子どもがたこ揚げをして遊んでいるのである。

なぜこんな誰でもわかる馬鹿げた間違い画面をつくったのか、最初は不思議に思った。ろくに戦史を勉強しないで映画を作ったとしても、こんなことはあるはずがないと、誰にでもわかる。

真珠湾攻撃を決め、攻撃が始まってからの指揮、軍議も、同じく屋外だ。明らかにただの公園の噴水のようなところに、軍人が集まって、その背後には「軍極秘」という、おかしな横断幕がかけてある。

映画を観ていくうちに、意図がわかる気がした。

米軍は、立派な建物の中で軍議を行うが、日本軍は、つまりは「原住民」のように外で行うのである。そういう雰囲気をつくりたいのである。

連合艦隊の英雄、山本五十六長官は、周りの士官と比べて異様に背が低く、目線がキョロキョロ定まらない男で、しかも実際の山本長官に比べて20歳以上は年を取っている皺くちゃの老人である。

その山本長官の立つ、連合艦隊旗艦の艦橋（ブリッジ）は、窓が小さな丸窓である。米軍艦隊のブリッジは、まともな広い四角い窓だが、連合艦隊は、まるで漁船のような船だという描写である。

もちろん、まったく史実に反する。

太平洋戦争開戦の当時の連合艦隊は、旗艦だけではなく、空母も含めてアメリカ海軍を上回る最新鋭、最強の艦隊であった。

ぼくの親しいアメリカ海軍関係者自ら、これを常識として認めている。

漁船のような構造をしていた事実などあるはずもない。

日本海軍の艦載機は、燃える戦艦から海に飛び込んだアメリカの将校や兵士を執拗に射撃し、将校が「まだ撃つのか」と叫ぶ。

連合艦隊は、たとえば日本海海戦で、海に飛び込んだロシア海軍の将兵を徹底的に救い上げ、やがてロシアへ返した。

この真珠湾攻撃でも、その精神はまだ脈々と生きていた。太平洋戦争末期は別として、真珠湾攻撃において、海に逃げて戦闘能力を失った将兵を狙撃した事実はない。日本人を「あくまで卑怯な奴ら」と見せかけたい、嘘、デタラメの描写である。

さらに艦載機は、主人公の男二人がアロハシャツで乗った車を狙撃する。あるいは病院を爆撃する。

全て嘘、デタラメである。

連合艦隊は、軍艦と戦闘機、爆撃機しか攻撃していない。誤爆はあった。それは避けがたかった。だから犠牲者のなかに、少数ではあっても民間人はいる。

しかし、この映画は大嘘つきだ。

連合艦隊の攻撃を受けて、逃げまどうアメリカ人は、みな白人である。

可哀想な白人の結婚寸前の女性が、艦載機に射殺されるシーンを含めて、卑劣な攻撃で殺されるのは、みな白人ばかりだ。

ちょっと待て。

ハワイは、アメリカ軍がリリウオカラニ女王を抑圧して軍事力で占領するまで、白人の国ではなかった。

したがって、ハワイには、白人ならざるハワイ人が沢山いたし、東洋人も多かった。今もそうである。

逃げるのが、白人ばかりということは、あり得ない。

映画の途中、アメリカ海軍の戦艦の甲板で、アフリカ系アメリカ人の炊事係と白人の機械係がボクシングをするシーンが延々と続く。

いったい何の意味があるシーンなのか、観客はみな不思議に思うだろう。ぼくもそうだった。だいたいが長すぎる映画なのにね。

映画が先に進んでわかった。「人種差別主義」、「白人優越主義」と当然ながら批判されるのを、防ぐための仕掛けなのである。

このボクシングで、最初は白人にぼこぼこにやられていたアフリカ系アメリカ人が、最後には白人を打ちのめし（ただし、やられるのは間違っても立派な白人ではない）、そして真珠湾攻撃が始まると、炊事係なのに艦長の最後の言葉を聞き取り、勇敢にも初めて触る機関銃を乱射して次々と日本の艦載機を撃ち落とし、勲章を受けるのである。

なるほど、日本人は黄色いサルで、差別されても抗議などせず、若いカップルを含めて喜んでこの映画を観ているだけだが、いまやアフリカ系アメリカ人はうるさい存在だ。だから、一人だけはヒーローにしておかないとマズイ。こういうわけだ。

これを演じているアフリカ系アメリカ人俳優は、よく見る顔だが、ぼくには白人に媚びる情けない、誇りを失ったアフリカ系アメリカ人に見えた。


この映画は、こうした史実にまつわる問題を除いても、開いた口がふさがらないほどくだらない映画である。

まず無意味に長く、3時間に及ぶが、ほんとうは長くても1時間50分ぐらいに縮められる。

一つのシーンがあると、次のシーン、その次のシーンに何が起こるか、登場人物がどんなセリフを吐き、どう行動するか、ことごとく読めて、全部その通りになってしまう。

恋愛映画としても、最悪レベルである。

アメリカ陸軍パイロットの男が欧州戦線に出され、戦死したという知らせがアメリカに届く。

するとその恋人は、あっという間に、男の幼なじみと恋仲になり妊娠する。

男は実は生きていて、アメリカに帰ってきて、当然ながら大揉めとなる。ところが恋人を妊娠させた幼なじみは、都合良く、戦死する。

男は恋人と結婚し、生まれた子供に幼なじみの名前を付ける。

それだけの陳腐な話なのだが、この三人に、ほとんど葛藤らしきものがないのだ。

上滑りなセリフを吐いて、男が殴り合ったり、女がいくらかウロウロしたりするだけ。


ああ、アメリカよ、いったいお前はどうしたのか？

もちろん、この映画がアメリカではない。

ハリウッドの、それも愚かな監督と俳優がつくったにすぎない。

それでも、溜息が出てしまう。

ぼくは、いささかも右翼じゃない。

国家主義者でもない。

大切なのは、国民であって、国家じゃない。

自由と民主主義、ただしジャパン・オリジナルに基くそれの価値が、日本と日本人にとっても絶対の価値であると強く信じている。

その立場に立つ、安全保障の専門家の端くれであるぼくをも、怒らせて反米に走らせかねない。

もちろん走りはしないけれど、それほどに煽情的で愚劣な画面なのだ。

ぼくは仕事の性格上、アメリカ軍、国防総省に友人が多い。

彼らの本音がまさかここにあるとは思いたくないが、実は、すこし気になる経験、思い出もある。その経験に基づいて思索した、アメリカに対する懸念もある。

だから、この映画を単なるハリウッドの愚作と片づけられない。

それは今夜は書かない。

小説の執筆に集中している今夜に、そこまでの時間はありません。

これは、やがてノンフィクションの本を書いて、みんなに読んでもらいます。

そして今夜、もっとも訴えたいのは、この映画を喜んで観ているらしい日本人よ、われわれはどうしたのかということだ。

信頼する女性編集者によると、渋谷で若い女性に「この夏、もっとも観たい映画は？」と問うたテレビ番組で、答えは『パールハーバー』が一番、多かったそうだ。

きみたちに問う。

きみたちは色魔か。

映画に甘い恋愛が描かれ、それがハリウッド大作で、主人公の男がイケメンだったらそれでいいのか。

もちろん、恋愛映画だからという理由ではない理由で「観たい」と答えた人も沢山いるだろう。

そういう人には、ごめんなさい。

しかし、多くは「この夏は、他にあんまし恋愛映画の大作がないから」ではないかな。

この映画を観た意味は、逆にとても大きかった。

物書きにとっては、自ら経験することが悲惨であればあるほど、あるいは今回のように不快であればあるほど、意味がある。

それが、物書きという仕事の取り柄だ。

ぼくは、これを単なる愚作と片づけない。

偶然に生まれた駄作とも考えない。

過大に考えることはしないが、あの戦争の意味、そして何より戦後史の意味を、これまでよりさらに深く思索していく上での、一つの小さくはない『参考資料』としていくだろう。

そして、くたばれ、ハリウッド。

ぼくの大好きな映画を、卑劣な怪物に堕落させるな。

テロの跡地を「グラウンドゼロ」と呼ぶふつうじゃない神経

ホームページにこう書き込んだ三日あとに、アメリカを憎悪するイスラーム原理主義テロリストが、民間ジェット旅客機を大量破壊兵器に一変させて、NYのツイン・タワーとペンタゴンに突っ込んだ。

それがアフガニスタン戦争を呼び、第二次湾岸戦争を招き寄せている。

このホームページを見て、「よく考えてみます」と電子メールをくれた高校生、大学生、サラリーマン、サラリーウーマン、主婦の方が驚くほど沢山いた。

わたしはいくらか安心した。

9・11テロで破壊された世界貿易センタービル（ツイン・タワー）跡地のことを、アメリカ人は「グラウンドゼロ」と呼んでいる。

「グラウンドゼロ」とは広島、長崎の爆心地のことだ。

9・11テロの犠牲者も、確かに広島、長崎と同じく殺戮される理由のない非戦闘員だった。わたしも現地を訪れて、犠牲者に祈りを捧げてきた。

しかし、やはり自分たちが落とした原爆の悲惨な爆心地と、同じ名前で呼ぶのはあまりに安易で無神経ではないだろうか。

日本のメディアは無批判に「グラウンドゼロ」を多用している。なんだか、意義のある呼び名のように使っている評論家までいる。

だがアメリカ人のなかにも、ある女性が「グラウンドゼロと呼ぶのをやめる運動」を進めていたり、反省する動きも微かにだが、ある。

アメリカに行くたび、もっとも激しい言い合いになるテーマは「原爆」だ。

バールハーバー（真珠湾攻撃）は、悲惨な戦争の始まりではあるが、国際法にのっとった戦闘だった。

原爆投下は、国際法からしても永遠に許されないアメリカの国家犯罪、国家テロリズムである。非戦闘員を殺戮するのがテロだからだ。

宣戦布告が駐米日本大使館のミスで遅れたという重大な事実はある。

しかし「だから公平な仕返しとして、広島、長崎に原爆を落としたのは間違いじゃない」と公言する、ふつうのアメリカ市民がいまだに数多いのは耐え難い。

原爆だけではない。たとえば東京大空襲でも、B29による焼夷弾爆撃で一晩にして一〇万人の市民が焼き殺された。

アメリカのもう一つの主張は、「広島と長崎の原爆がなかったら、さらに多くのアメリカの兵士たち、さらには日本兵も死んだだろう。だから平和のための原爆だったのだ」ということだ。

それなら原爆投下は、ただ一発で良かった。

広島に続いて長崎、それも原子爆弾のタイプを変えての投下は、アジア人に対してだからやれた「人体実験」である動かぬ証拠の一つだ。

「常にわれわれが正義！」の陽気なアメリカ人

このアメリカが、実は第二次湾岸戦争（イラク戦争）で新しいタイプの核兵器を使用することを検討しているのは、重大な事実である。

わたしの親しい関係者は「使うかも知れないのはね、小型戦術核だ。地中に潜って爆発するから、地上の被害は少ないのに、地中に隠された生物・化学兵器は確実に全破壊する。検討して当然だろう?」と言った。

これは、B61・11核爆弾のことだ。

B2Aステルス爆撃機か、三沢にもいるF16戦闘機から投下される。

すでに実際にアラスカで投下実験が二回、行われていて、土中へ深さ最大三・一メートルまで潜ったデータが米軍に残っている。

確かに、生物・化学兵器は破壊するだろう。

しかし地上への被害が「少ない」とは信じられないし、ついに小型核を使ったことによる世界へのインパクトは、人類にとって致命的だ。

テロリストは当然、われわれも「小さな核」を使う権利があると主張し、実際に使われる危険を招くことは間違いない。

ここでも、「アメリカの対テロ戦が、テロを広げる」恐れがある。

ワシントンDCのスミソニアン博物館には、広大な敷地に一日かけても見学できないほど充実した展示がある。

その展示ビルの一つに、大陸弾道弾ＩＣＢＭや巡航ミサイルトマホークが正義の武器として誇らしげに展示してある。

わたしは、一緒に歩いていたアメリカ軍の関係者にこう言った。

「あなた方は昔、先住民ネイティヴ・アメリカンを虐殺し、いまの国を築き上げてきた。だが、トマホークというのはネイティヴ・アメリカンが持っていた斧のこと。核を積める巡航ミサイルにトマホークと名付けるとは、いったいどういう神経なのかな。それにアパッチという対戦車攻撃ヘリにしても、あなたたちが虐殺した民族の名前だ」

彼は「われわれが、そうした歴史もすべて誇りとしているから、そう付けただけだ」と応えた。

「わたしには、それにも強い異論がある。だけど、それ以前に、この展示場には武器を必要悪とする翳りがまったくない。一〇〇パーセントの正義だと思って展示しているよね。これじゃ一緒にやれないな、そう考える人は日本に沢山いると思うよ」

そして、わたしは足を止めた。

そこには人類初の弾道ミサイル、ナチスドイツが開発して使用したミサイル「Ｖ２」が、

「歩み」として展示してあった。

第十章

アメリカの闇とアメリカの光

バリ、フィリピン、モスクワのテロの連鎖は何を意味するのか？

アメリカを掴み、日本を知るこの本も、終章へと近づいている。

ここで、アメリカの闇と光を凝縮するような事実を、それぞれ一つづつ、みなさんにお話ししておきたい。

まず「闇」である。

ブッシュ大統領が「イスラーム原理主義テロリスト集団アルカーイダを、イラクが支援しているから総攻撃する」と言うのは、真っ赤な嘘だと指摘してきた。

では、アルカーイダを支えているのはどこなのか。

アルカーイダは「ザ・ベース」（拠点）というその名前が表しているように、国家の一機関ではない。拠点さえあれば世界中どこでも活動し殺人テロを実行するから、始末に負えない。

しかし同時に、どこかおカネのある国家が支援しないと、あれだけのグローバルな破壊活動はとてもやれはしない。

9・11同時多発テロだけではない。

その後に、日本を囲むように連続テロ事件が起きていった。

インドネシアのバリ島の外国人向けディィスコ爆破、フィリピンで多発する外国人狙いのテロ、モスクワの劇場占拠テロ、いずれもアルカーイダが糸を引いていると米英の諜報機関は見ている。

「日本を囲むように」というのは言葉の綾ではない。

わたしが日本の政府機関に、一九九九年、平成一一年に「イスラーム原理主義の脅威は他人事ではない。立ち向かう準備をすべきだ」と言ったとき、「青山さん、イスラーム原理主義はいくらなんでも日本から遠いでしょう」と笑った治安幹部がいた。

しかしわたしたちのすぐ足元には、世界最大のイスラーム国であるインドネシアがあって、そこには「東チモール」問題というキリスト教徒との血の抗争がある。

南西にはアジアでもっともイスラーム原理主義テロ活動が盛んなフィリピンがあり、世界のイスラーム教過激主義者が集まってくるチェチェン共和国もある。

そして東側に、太平洋が広がり、その果てにアメリカがある。日本はこれまで、オウム真理教のように内部からの深刻なテロには直面したが、外部からのテロ攻撃を受けた経験がない。

経験のないことについて、想像力を駆使して戦う姿勢を持って初めて、これから一〇〇年続くとも言うべきテロの時代に、護りたい人を護ることができる。

日本政府の治安幹部に「テロなんて今までなかったから、これからもないでしょう」とわたしに言った人がいる現実は、わたしたち国民で変える。

ある老ムスリム（イスラーム教徒）はわたしに「アメリカに付き従う者を囲むように、イスラーム聖戦を戦う者どもの力が示されるであろう」と言った。

バリ、フィリピン、モスクワのテロの連鎖は、その不気味な予言が現実になりつつあるものとして聞いた方がいい。

バリ島の事件は、ディスコの建物からやや離れて停めた車で爆弾が破裂しただけだ。ところが生存者を探す国軍兵士が「ディスコそのものが空爆を受けたようにみえるなぁ」と漏らしたように、ディスコ全体が破壊され崩れ落ち大量死を出す惨状となった。地元の若いイスラーム教徒が逮捕されたが、アルカーイダが極めて強力な爆弾を提供して初めて可能になった犯行とされている。

インドネシアでは、その東の端っこ東チモールがキリスト教国として分離・独立を望み、たった六〇万の人口のうち二〇万人が殺害される最悪の紛争になった。

それでもオーストラリアやアメリカの支援で二〇〇二年五月、独立し、インドネシアのイスラーム教徒側には深い恨みの感情が湧きあがった。

爆破されたディスコは、バリ島にたくさん遊びに来るオーストラリア人が集まる場所で、死んだ人もオーストラリア人が大半だった。

日本人はオーストラリアを「のんびりした良い国」とだけ考えている。確かに、わたしもここに出張すると、気持ちがいい。

だが、バリ島やフィリピンのセブ島で、貧しい浅黒い肌の少年をホモ・セクシュアルのペットとして買い、浜辺で仕えさせているオーストラリアの中年男や老人の白くたるんだ姿をわたしは何人も見た。

そういう無惨な現実があっての、ディスコ爆破だ。

そしてフィリピンでは、地元のイスラーム教原理主義テロリスト集団「アブサヤフ」にアルカーイダが深く食い込んで支援し、やり口が残忍で無慈悲なテロを繰り返している。

かつてアメリカが支配したこの国でも、貧困が背景にある。

モスクワの劇場テロは、チェチェンをロシアからイスラーム共和国として独立させようと戦っているムスリム武装グループが、引き起こした。

アルカーイダは古くからチェチェンを「聖戦のシンボル」として重視して、テロリストや司令官クラスを送り込んでいる。チェチェンを重要拠点の一つとして利用しているとも言える。

日本の周りで起きたこれらテロ事件の実像を、わたしたちはどれだけ知っているだろうか。

日本で耳を澄ませば、アルカーイダの動き回る足音、腹這いに忍び寄る衣ずれが聞こえてくる。

サウジアラビーアの中にあるアメリカ人だらけの不思議な街

アルカーイダは、最近世界の耳目を引いた事件だけでも、こんなに激しい。まだ表面に出ない破壊活動や、その準備を考えると、非国家の組織としては天文学的な費用がかかっているのは間違いない。

国家のように税金を徴収できるわけではないのだから、よほどのカネづるがないと絶対にこんな活動はできない。

どこの誰がアルカーイダを大規模に支援しているか、それは実は、主要国の国防・諜報関係機関にはとっくに常識として広まっている。

サウジアラビーアである。

世界最大の埋蔵オイルと、イスラーム教の聖地メッカを持つサウジは、サウド王家が専制を敷く閉鎖国家だ。

メッカ巡礼者は別にして入国が難しく、日本で言えば外交官すら入りにくい。その国内でなにが起きているのか、なかなか分からない。

このサウド王家は、享楽のためにオイル・マネーを湯水よりも簡単に使うので有名だ。民衆はそのおこぼれを、奴隷のように押し頂く。

先進国の人間ほど入国を拒まれると言われているから、中東に詳しいイギリスの高官に「王家の連中が国と社会の中身を見せたくないのかな」と聞いてみると、苦笑しながら「その通り」と応えた。

このサウジアラビーアの、イラクとの国境にもクウェイトとの国境にも近い最北部に、地図に載らない不思議な街がある（当時）。

街の名前は「エメラルドシティ」。

あのオズの魔法使いに出てくる街だ。

実は、この地名はアメリカ軍が付けた。サウジの街でありながらサウジ国民の姿は見当たらない。アメリカ空軍基地、それにアメリカ軍将兵と家族のための住宅、学校、病院、銀行、スーパーだけがある。

それでも人口は、確認されただけで六万五〇〇〇人を超え、実際はもう少し多いという情報もある。

一方で、サウジ政府が付けた正式な名前もある。

その名前は、サウド王家の皇太子の名を冠している。平民、庶民、国民は近づくなという政府からのサインだ。現に誰も近づかないという。

「イラクではなくサウジを爆撃すべきだ」

この奇妙なエメラルドシティは、いったい何のためにあるのか。

王家は、悦楽の特権生活を続けるためにアメリカ軍の力に頼っているのだ。

こともあろうにイスラーム教の聖地マッカ（日本語ではメッカ）を抱え、巡礼者が世界から集まる国が、アメリカ軍に守ってもらっている。

アメリカにとっては、こんなおいしい話はない。

アメリカは、クウェイトとイラクを睨《にら》む絶好の位置に基地を確保している。

石油とメッカを持つ、いわばイスラーム社会の心臓部であるサウジにアメリカは足場を築いている。そしてその権益のために、専制王家を武力で保護し、民衆を抑えつけているのがアメリカ軍である。

サウド王家は、強大なアメリカ軍に庇護してもらいつつ、一方で、そのままではイスラーム原理主義に徹底攻撃を食らう。

アメリカの政府関係者はわたしに明言した。

「だからサウジアラビーアのキングだのプリンスだのは、裏では、イスラーム原理主義テロリストたち、なかでもサウジ出身のオサマ・ビンラーディンには、たとえばアジア・アフリカの小国の国家予算など比較にならないぐらいの巨額のカネを渡しているのさ」

「まるで保険料みたいだね」

「そうだよ。いや、もっと強烈だよ。豪邸のリビングで、ヘロインパーティーをやり続けたいからって、玄関先にアンタッチャブル（ＦＢＩの特別捜査官）を入れて守ってもらいながら、裏庭ではマフィアに山積みのカネを渡しているのさ」

「そりゃ、分かりやすいけど、ちょっとアンフェアな言い方だなぁ」

「なぜ」

「その豪邸にあなたは、いるの？　いないの？」

関係者は黙った。

「いるなら、あなたも同罪だし、いないなら、見てきたようなことを証拠もなく言うなと怒られても仕方ないね」

「じゃアオヤマは、どこにいるんだ」

「うん、ぼくも今それを考えていた。豪邸のリビングの灯りがついたり消えたり、怪しいなと思いながら、なかなか近くに寄れなくて、おのれの非力に悩んでる新米記者だね」

関係者はあははと笑いながら、眼はまったく笑っていなかった。眼だけではなく、口元も笑っていなかった。口も開かず笑い声だけの笑いというのは、珍しい見物《みもの》だった。


疑惑がすべて本物だとすると、サウジアラビーアは右手でアメリカを招き入れ、左手でテロリストを養い、その両手で享楽の専制を守っている。

ただ、サウジアラビーア政府の側は、テロリストへの資金提供を全面的に否定している。それは公平を期すために明記しておかねばならない。

サウジの駐米大使の夫人が、イスラーム原理主義テロリストと定期的に会って現金を渡していたのではないかというスキャンダルが、つい最近、アメリカのリベラル派メディアを賑わせた。

氷山の一角から、ついにタブーが暴露されるのかとわたしも関心を持って見ていた。日本ではほとんど伝えられなかったが、報道するアメリカのメディアが増えはじめ、イラク総攻撃の開戦にも影響しそうに、一時はみえた。

ところが、駐米サウジ大使館が顔色を変えて否定しているうちに、報道はうやむや、沙汰やみになってしまった。

この経過も、サウジアラビーアこそ、アメリカの外交でもいちばん暗い闇、漆黒の闇であることを物語っている。

アメリカは民主主義を世界に広めるためと称して、在日米軍基地からも世界へ攻撃に出ている。だが、おいしい権益があるとなれば、専制にダイレクトに手を貸し、武力でその国の民衆を抑圧している。

アメリカはテロと戦うためだと称して、世界の反戦運動を尻目にイラクを総攻撃すると宣言している。

だが、捨てがたいほどにおいしい権益があるとなれば、イラクよりもっと直接的に「テロリストを支援している」という疑惑が指摘されている国を支えている。

このカラクリには、アメリカとサウジアラビーアだけではなく、オサマ・ビンラーディンとアルカーイダも参加している。

オサマは母国のサウジを出て、イスラーム世界を泳ぎながらテロを練り、テロを実行し、「アメリカに手を貸す者には死を」としきりにアピールしている。

それなら、まずサウジをやったらどうだ。

サウド王家とつながる血を持つとされるオサマは、そもそも王家がアメリカに基地を提供したことが不満で、サウジを出て放浪の旅に出たと言われる。

ところがテロ集団の頭目になったら、無尽蔵にカネをくれるメインスポンサーを大事にしたくなったのか、サウジ相手には聖戦も、アラブの大義も横っちょに置いている。

こうした角度から見るとアメリカ、サウド王家、オサマ・ビンラーディンとアルカーイダは、そっくりである。

9・11テロを実質的に立案したオサマは天才的な戦略家だ。ただし悪魔的な天才である。

アメリカン・テクノロジーの象徴の一つジェット旅客機を使い、アメリカの繁栄の象徴だったタワーを破壊し尽くす作戦は、実行されてしまえばコロンブスの卵で、あっても当然のように思える。だが、実際はわたしも含めてテロ対策や安全保障の専門家で気が付いていた人は一人もいなかった。

ジェット機の両翼に燃料を満たして水平飛行の速度でぶつかれば、小型核兵器に匹敵するに近い破壊力を持つ。

それをあらかじめ承知してのテロであったとするならば、オサマの「悪魔的な天才」に、われわれは誰もかなわなかったのだ。

しかしオサマがもし、ほんとうの天才なら、民衆の声がまるで聞こえないサウジの民衆革命を起こす奇跡を実現しただろう。

アメリカ軍に守られる専制政治を打倒し、サウジを民主化したならば、その民主主義こそがアメリカの打撃になるという、皮肉な光景を世界に見せつけることができた。

アメリカの深い闇を、世界に知らしめることができたのである。

それをやれずに、朝早くからビルで働く非戦闘員を殺戮したというのは、やはり「悪魔的な」と呼ぶほかない。

そして、水と緑と街が美しいストックホルムで、スウェーデン政府の高官とわたしがこうした話をしていたとき、いつもは物静かな高官が次第に激して、「アメリカが爆撃したいなら、イラクではなくサウジアラビーアを爆撃すべきだ」と声高に言い切った。

スウェーデンは国内にアメリカ軍基地を置かないことを誇りにしている。

その一方で、穏やかな平和国家のイメージとは違って諜報活動を重視している。

自らを自らの力で守るためには、軍事力をやみくもに強化するまえに情報を深く広く収集して、なにが深層で起きているかを知り、その事態に有効な軍事力をこそ持つよう努力しているからだ。

だから中東を含めた情勢に、良く通じている。そのうえで高官は、怒りを込めて「爆撃したいなら、サウジをやれ。アオヤマも、アメリカ政府と軍の連中にそう言うべきだ」

と静かで強い語調で言った。

それでも世界に誇れるアメリカの輝きとは？

しかし、アメリカは闇だけの国ではない。

驚くほどに明るく強く輝く光をも、持っている。

わたしが共同通信から三菱総研に移り、安全保障研究の仕事がまだしっかりとは軌道に乗っていないころ、ワシントンＤＣへ出張に出た。

ワシントン郊外にある、安全保障専門のシンクタンクを訪ねていった。

市内から高速を飛ばしてきたタクシーで、目指すビルにたどり着こうとするのだが、どうしても分からない。高いビルがやたら林立していて、どれがそのシンクタンクの入っているビルか特定できないのだ。

運転手さんと一緒に、首をひねったり、地図を見たり、道を行く人に聞いたりしているうちに突然、分かった。

このビル群の全部がシンクタンクなんだ！

三菱総研は東京・大手町にビルひとつを構えている（ビルのオーナーは三菱地所）。これは例外で、日本のシンクタンクは基本的にビルの一室だ。

こんな規模のシンクタンクが、この同じ世にあるとは信じられなかった。しかし、そのつもりで見れば、総合受付がようやく見つかり、そこから目指す研究員に連絡を取ることができた。

著名な研究員で元海軍将校、今もペンタゴンに出入りして政策形成に関わっていることの人と意見を交わしているうちに、彼は微笑しながらさらりと聞いた。

「なかなか興味深い話が出ますね。三菱総研にあなたのような安全保障の専門家は、何人いるんですか」

「…今のところ、わたし一人です」

彼は眼を丸くして言った。

「おやおや、わたしのところは四万人ですよ。あなたの話を聞いて、パートナーとしてやっていいかなとは考え始めているけど、あなた一人で、大丈夫ですか」

一対四万。

これが安全保障をめぐる、日米の現実の一つだった。

このシンクタンクも、始まりはたった四人の博士たちだったそうだ。

それがあっという間に、四万人。日本で言えば大自動車メーカー全体ぐらいの人が、日々、頭脳だけで勝負しているわけだ。

しかも、ここまで巨大になった今も、株式は全部、研究員たちで分け合って持っている。

昼食の時間になり、広大な駐車場の反対側のレストランへ向かって歩いているとき、彼がまたさらりと言った。

「うちはね、ＩＣＢＭ（大陸間弾道弾）の発射ソフトをはじめ、主要なソフトをみな開発してるんだ」

ははぁ。

凄いなとは思ったが、驚きはしなかった。

その国の主要な武器の基本ソフト開発が民間シンクタンクに委託されることは、他の国でもある。日本も、知られてはいないが実は同じだ。

ところが彼は、明るく微笑しつつ「ソフトの開発だけではなくて、弾道弾のね、ふだんの管理そのものを任されてやっているんですよ」と言った。

わたしは声を失った。

世界を、地球のすべてを、アメリカの核の傘の下に置いている大陸間弾道弾を、民間の一シンクタンクがコントロールしている。

任されている。

わたしの守秘義務のために、これ以上詳しく書くことはできないが、要は形式としてはもちろん国防総省が管理しているが、実質は民間が担っているのだ。

わたしは新人の政治記者当時に、中曽根康弘首相（当時）の総理番だったから「民活」「民間活力の活用」という言葉が耳に焼き付いているが、そんな言葉が一瞬にして、色褪せてしまった。

官と民、民と官の関わり方が、他の国々とは根こそぎ、違う。

それはイギリスに居づらくなった清教徒たちが海を渡り、未知の大陸で牧場の塀ひとつ造るにも皆で相談してきた歴史が、そうさせていることは、先に詳しく書いた。

しかしその歴史があっても、このハイパー超大国になった今なお、顔色一つ変えずに、こんな官民の関係を維持しているのは、いくら驚嘆しても足りない。

組織も国も、肥大化すれば、その管理に専従する人間が必要になり、やがてその管理者がすべてに君臨するようになってしまう。

それが人間の常識だ。

アメリカ人は、それをやすやすと打ち破っている。

アメリカは大統領が代われば、原則として課長級以上の役人は総とっかえになる。

これは知られているが、わたしが良く受ける質問は「それでよく仕事がまともにできますね」というものだ。

謎解きは、シンプルである。

ふだんから官も民も区別なく、ともに国家の運命を左右する仕事を担っているから、大統領が変わって民間から官に移っても、ちっとも困らない。

国民を、にんげんを、お上（おかみ）と下々《しもじも》に決して分けないシステム。

これがアメリカの明るい光の源である。

終章

だれがアメリカを止められるのか

アメリカのＩＣＢＭこそが本物の「大量破壊兵器」

この本の終章を書いている西暦二〇〇三年二月一八日火曜日、わたしはデンマークの首都コペンハーゲンにいる。

北欧に来るといつも、悲しいまでに街も自然も美しい。世界の他の国の現実と違いすぎるのだ。

しかしこの国も、アメリカのＩＣＢＭ（大陸間弾道弾）の射程にすべて呑み込まれている。

もちろん、デーン人が好戦的なまでに戦争に明け暮れたのは、はるか彼方の昔、戦争に巻き込まれる恐れは、ほぼない。

しかしスペースシャトル「コロンビア号」が空中分解したように、アメリカのＩＣＢＭが間違って発射される可能性もどんなに小さくともゼロではないし、発射されたら、違う国を破壊するはずが、このデンマークの頭上に現れる可能性も永遠にゼロにならない。

これこそ本物の「大量破壊兵器」だ。

イラクや北朝鮮の持っているミサイルなど、凶悪さにおいて比ではない。

大量破壊兵器を持っているからイラクを攻撃すると叫んでいる当のアメリカが、フランスやイギリスやロシアや中国、そしてインド、パキスタン、イスラエルなどと共に、その大量破壊兵器を「愚劣」と言うほかないほど数多く持つ。

しかも、どこで想像を超えたミスやハプニングが起きるか分からないコントロールが、民間に「実質的に」とか「一部は」の但し書きは付けた方がいいが、とにかく委ねられている。

わたしは、その官民関係の例を引いて「アメリカの光の源」と前章で書いたが、それが大量破壊兵器をめぐることである限り、さらにぞっとすると言う人は、原爆を投下された日本にはもちろん世界に数多いだろう。

このことは、象徴的である。

光が明るければ明るいほど、それと背中合わせの闇が深い。

わたしたち日本国民は、光のまぶしさに眼を眩惑されず、同時に、闇をも貫く正確な視力をアメリカに対して、この勝手に世界政府にのしあがりつつある同盟国に対して、持っていたい。

今はデンマーク時間で二月一八日朝、原稿を待つ編集者や、独立総合研究所（独研）のスタッフが働く東京は、同じ日の午後だ。

イラク総攻撃、新しい湾岸戦争は始まってはいない。CNNも、ベッカムが監督の蹴った靴で顔に怪我をしたニュースを繰り返している。開戦か回避かの決着は、まだついていない。

しかし戦争の足音が聞こえ、その戦争によってテロが根絶されるのではなく逆に世界に広まる恐れが高い以上は、いずれにしろ、わたしは日本のテロの備えにささやかなりとも貢献したい。

そのために出張に出た。

CNNはいま突然、韓国での地下鉄火災の速報を伝え始め、「テロの可能性も」と記者が叫んでいる。冷静に考えてテロかどうかは定かでないが、とにかくわたしは、わたしのやるべきことをやらねばならない。

二月一五日に日本を発ち、ゆうべまでベルリンにいた。あすは、このコペンハーゲンからストックホルムに入り、二一日にはアメリカのワシントンDCへ飛ぶ。

そのあとアメリカの西海岸を訪れ、二六日に帰国するまでのわずか一一日間に、各国で政府機関との議論や、原子力発電所など安全保障上の重要施設の現地調査をぎっしりと詰めている。

それと並行して、本一冊を書き下ろしているわけだ。

ゆうべはベルリンのテーゲル空港で、皮肉で滑稽なことにテロリストと間違えられて、短機関銃を手にした重武装警官に一時、実質的に身柄を拘束された。

スカンジナビア航空機への搭乗手続きも終わり、待合室で一生懸命にモバイルパソコンへ原稿を打ち込んでいるとき、このドイツ連邦武装警官隊に突然、取り囲まれた。

わたしが預けた荷物に「なにかメカニカルな物」、すなわち「強力な爆弾と思われる物」が見つかったという。

アホか、きみたちは。

わたしは正直、日本語でそう言いたかった。

まぁ、わたしの仕事が何かは置くにしても、預けた荷物に爆弾を入れた場合はテロリストは搭乗しないだろうが。

飛行機に乗る自爆テロリストなら、預ける荷物ではなく持ち込み手荷物に爆弾を入れる。

小隊長らしい武装警官が下手くそな英語で「荷物の中身を全部、説明せよ」と言うから、説明しつつ「飛行機の出発時刻が迫っているし、これは最終便だから、説明などより、とにかく荷物の中を一緒に調べよう」と応えたが、ちょっと早口で言うと、もう「英語は自信がない。分からない」と小隊長は妙に弱気になっている。

その小隊長指揮下の警察特殊部隊に身柄を拘束されながら、早く早くとせかせて、やっと荷物を出させて一緒にかき回すと、彼らが「メカニックな強力爆弾」と判断したのは、なんと、単3乾電池を一〇本ほどゴムでまとめたものだった。

それをパソコンのモデムコードと一緒に透明なビニール袋に入れてあるだけだ。別段、コードを結びつけたりもしていない。

それだけで、「メカニックな爆弾」と誤認するのは、戦争を控えていかに皆がテロを恐れているか、ということでもあるが、やはり警官隊、それから空港の保安スタッフや航空会社スタッフの質を疑わざるを得ない。

基礎的知識が全く欠けているうえに、航空会社の側にも「もしも、こちらの誤認だったら乗客に大変な迷惑がかかる。少なくとも、荷物の中身を本人立ち会いで確認する作業を急がねばならない」という意識が、完璧に欠落している。

わたしはつい今までわたしを拘束してテロリスト呼ばわりしていた警察特殊部隊を励まして荷物を持たせ、出発カウンターへ一緒に走らせた。

それぐらい、やってもらわないとね、冤罪なんだから。

ようやく荷物を預け直して、搭乗口へ入り、念のためカウンターを振り返ると、係員が荷物をそのまま放置している。

案の定、「荷物をまた一個だけ、機内へ戻すなんて面倒くさい」と考えているらしい。

わたしは、搭乗口とカウンターを仕切っているガラスを激しく叩き、やっと振り向いた係員に鬼の顔をつくって「荷物を積め」と初めて大声を出した。

ドイツ人でこうである。

日本は決して沈まないと確信したある光景

アメリカの空港では、もっともっと信じがたく愚かしいことが日常茶飯事で起きることは、先に書いた。

海外へ出るたびにわたしは、日本は決して沈まないと確信する。

このこと、この一点をこの本の最後にみなさんに伝えたい。

自分を信頼しないでは、いくらアメリカの本質を読み解いても、前へ進む力にはならない。

今回の一つ前の出張、二〇〇三年一月にイギリスとアメリカを回ったときのこと、ロンドンのヒースロー空港からアメリカの航空会社ユナイテッドを使ってワシントンDCへ飛ぼうとしたとき、雪で機内に閉じこめられた。

機長はマイクで「この出発ターミナルに、雪を取り除く専用マシーンが一台しかないから、順番を待つしかない」と説明している。

それでもわたしたち乗客は「それなら飛ぶ可能性がありそうだ」と喜んだ。

再び機長の声が響いた。「エンジンを再スタートするチャンスがあるかどうか確信はないが、それに備えて機内の電源を切る」

厳寒のなかエアコンが止まり、わたしたちは震えながらじっと待っていた。

そのとき、白い機体のジャンボが一機、何事もないかのように滑走して飛び立つのが見えた。

尾翼の赤い鶴が一瞬、眼に入った。ＪＡＬだ！

なぜ日本機だけが飛ぶんだ。

そしてさらに一機、滑走する。力強く空へ駆け上がる尾翼に、今度は青いマーク、またも日本機、ＡＮＡだ！

隣のアフリカ系アメリカ人陸軍大佐は、おおと叫び声を上げて「どんなマジックだ」とわたしに聞いた。

「マジックじゃないだろうね。機体整備や雪への備えを早い時間から始めていたり、地味ないつもの努力のおかげだろう、きっと」と応えた。

それからさらに二時間ほどが過ぎて、待望の「雪を取り除くただ一台の専用マシーン」がやってきた。わたしはちょうど窓から、その作業が見えた。「専用マシーン」はアームを伸ばし数分のあいだ、車輪の下をがじがじと削った。

たったそれだけで、飛行機は動きだし、除雪された滑走路を六時間ぶりに走り始めた。わたしは「日本の二社は、あんなマシーンなど待たずに作業員総出で、あの作業をやったのだろう」と想像した。

もちろん想像だけであるが、日本の二社だけが事もなげに飛翔した姿は、わたしの胸を打った。

そしてワシントンＤＣで本来の仕事を終えてから、本気で調べてみた。その通り、祖国日本の二社だけがＣＡ（客室乗務員）まで協力して、すべて自力で除雪作業をやり遂げたのだった。

アメリカを変えれば世界は変わる

世界は今、アメリカの主導権によって、あるいは工業国としての中国の登場によって、一つのマーケットになった。

単に売り買いの市場ではなく、世界の分業体制ができあがることを、それは意味する。

新しいこの統一マーケットはまだ未成熟だ。

マーケットが未成熟なうちは、価格がすべてを支配し、だから世界デフレも起きる。

しかしマーケットが成熟すれば、必ず質が問われ、やがてサービスというソフトの質が競争に勝つ鍵になる。

日本は、その分野で世界で一番というだけではなく、世界で「唯一」の至上の存在だ。

「いや、日本でも最近の若い人は」、と言う人は、世界をツアーやグループでなく一人で回ってみれば分かる。


そして、それだけでは足りない。

お父さんが家に帰ったとき、荒れ気味の息子から「いったい親父はなんで働いてるんだよ」などと聞かれて、「おまえら、誰のおかげで食えてると思うんだ」としか答えられないのでは、祖国に希望はない。

「祖国には目標があり、だから俺には、護るべきもの、育むべきものがあって、働いている」と答えたい。

それをみなさんと一緒に、わたしは考えたい。

日本に戦争で勝ち、いまわたしたちの上と世界に君臨するアメリカの謎を解くのは、その出発点である。

ハワイに行くと、洗濯物が干されていないことに気づく。

ハワイの気候で、アロハシャツやムームーを風に吹かせれば、あっという間に乾くだろう。

しかし、その光景は、何度ハワイに行っても見ない。

わたしは記者時代の休暇で、レンタカーに乗りハワイ島を回ったとき、乾物屋さんで日系一世の生き残りと知りあって、家の中を見せてもらって理由が分かった。

室内で巨大な乾燥機で乾かしているのである。

アメリカを変えなければ、世界の温暖化も決して止まらない。

アメリカの問題は、アメリカだけのものではない。

ドイツやフランスのようにアメリカの敵のふりをしてみても、意味はない。アメリカン・カウボーイは敵の言うアドバイスなどに決して耳を貸さないからだ。

アメリカの友人でいて、しかもそれがパリティ（対等）とアメリカが認める友人なら、もともとは素朴な彼らは、必ず耳を傾ける。

日本がどうあるべきか。

ここに答えはある。

それからの章

新書のためのアフター・トーク

アメリカが壊れているのは、誰の目にも、もはや分かるようになってきた。

アメリカには天皇陛下がいらっしゃらない。大統領に為政者だけではなく元首も兼ねてもらわねばならない。リーダーもシンボルも、すべて大統領たった一人なのだ。

その大統領をまともに選ぶこともできない大統領選挙が西暦二〇一六年に延々と世界の眼の前で展開したのは、まさかの深い衝撃である。

しかしアメリカはいつかは再び、立ち上がってくる。

その要素は社会の隅々にまだ充分に残されている。

ひとびとは自分の頭で考える習慣を持っている。その自由な発想や個性を社会の同調圧力、「横並びでいろ」というプレッシャーで潰したりしない。早い話が、日本社会のように就職の季節になると突然、学生は男も女も同じような黒っぽい服を着て、髪のスタイルも色も同じになり、ついでに顔つきまでぼんやり輪郭を失うように似てくるということは起きない。

学生時代は世界のどこでもモラトリアム（猶予期間）だ。個性を発揮しても大したことはない。仮の個性に過ぎない。だが社会に出るときこそ個性の本番だ。そこで個性を隠して、抑圧してどうする。

日本社会は話が逆であり、アメリカはそこを外さない。

わたしは愛国者だ。しかしそれは日本がいい社会だからでは無い。これほどまでに同調圧力が強く、おのれでおのれの可能性を封じ込める社会も珍しい。

いい人だから、良くしてくれるから愛するのではなく、利害で愛するのではなく、ただ愛したい。

祖国も、それが祖国だからただ愛したい。

わたしたちが長年、ボランティア、無償の労苦を重ねてきた日本の自前資源・表層型メタンハイドレートの実用化もアメリカ社会ならとっくに実現しているだろう。

メタンハイドレート（ＭＨ、メタハイ）をめぐって取得している日本と世界（アメリカ、オーストラリア、ＥＵ全加盟国、ノルウェー、ロシア、韓国、中国）の特許も、わたしたちがもしもアメリカにいたならふつうに特許使用料、ライセンス料を取っていただろう。アメリカ社会では私的な利益と公的な利益はごく自然に両立するからだ。日本社会で特許使用料を取っていたなら必ず、「青山繁晴と青山千春博士は、自分たちの儲《もう》けのためにメタハイ、メタハイと言っているだけだ」と嫉妬がらみの中傷を受け、わたしたちがそれを意に介さなくとも、実際にメタンハイドレート実用化の障害になり国益を損ねていただろう。

わたしたちがアメリカで研究をしていたならリラックスして本来の目的だけに集中していただろう。国益に、楽しみつつ貢献していただろう。陰湿に、私心だけで邪魔をしてくる東大名誉教授といった奇妙なひとたちは、仮に居ても、実害を及ぼすまでには至らない。

アメリカ人だって嫉妬はするさ。

しかし、私（わたくし）と公（おおやけ）がみごとに同等で矛盾なく、両立する社会だ。

だから官と民《みん》も自在に入れ替わり、大統領が代わればは官僚もぞろりと代わり、日本のように官が常に民を圧迫するということは起きない。

　このへんの強みは、大統領選びが壊れ、腐ってしまっても失われていない。

　新大統領は、トランプさん、ヒラリーさんのいずれも刑事訴追されて不思議ではない腐敗があるとアメリカ社会では広く認識されている。

　トランプさんは「有能な実業家」どころか大学と偽称して人に大金を出させてホテルの一室に集め、ろくな講演すらないというみみっちい詐欺までやってカネを集め、しかし結局は破綻するから実に十八年間、税金すら払っていない。

　ヒラリーさんは中国から莫大《ばくだい》な不正のカネを受け取っていた疑惑が指摘されて久しい。さらに、オバマ政権の国務長官（外相）の時代に口利き行為をしては巨額の賄賂を受け取っていたのではないかという真っ黒な疑惑まで指摘されている。

　そのうえでトランプさんは世界経済の実態をまったく知らない異様な保護主義者で、大統領になってしまえばアメリカ経済に任期四年間で一兆ドル、百兆円前後の損失を与えると本気で心配されている。

　ヒラリーさんはまず、四年のトップリーダーの激務に身体が耐えられるかどうか、これもアメリカ人の誰もが疑う実情にある。選挙戦のさなか、それも9・11同時多発テロの追悼式の真っ最中に公衆の面前でもろに倒れて、そのあと元気いっぱいに再登場した時、首の何重かの横皺《よこじわ》がなぜか取れていて、頬骨も明らかに違う……ように、わたしにもテレビ画面を通じて見えた。

知友のアメリカ人たちは、たとえばホワイトハウスのNSC（国家安全保障会議）にいた政府高官まで「ヒラリーのそっくりさんで売っている芸人を替え玉に使った」と、ビールを呑《の》んで飛び出す本音としては固く信じている有様だ。

凄い話ですねー、この二人だけが選択肢なんて。

これがほんとうに世界の覇者、アメリカ合州国なのか。

実はこの大統領選挙にも救われる道はあった。

アメリカの大統領選挙には、公示も告示も無い。と言うか実は、日本の選挙のように公示・告示がある方が世界では異常だ。

特に日本の選挙では公示・告示によって選挙期間に入ると途端に、テレビ・ラジオ番組には政治家が参加できなくなり、政治家でない人でも番組で政治向きの話をできなくなるという事実を、理解できるアメリカ人はいない。

わたしは実際にアメリカ国務省の友だちから「選挙期間になったら情報が逆に少なくなるぅ？　何だそりゃ。なぜ日本の有権者は黙っているんだ。どの候補を選ぶか、いちばん情報が必要な時じゃないか」と聞かれた。

わたしは、こう答えた。

「日本の国民は、世界では選挙にそもそも公示・告示なんて無いということすら知らないで育ってしまう。これが普通だと刷り込まれているから、文句も出ない。わたしはラジオなどで何度か指摘した。ふだんの政治と選挙を切り離すこと自体が間違いだとも言って、番組のアナウンサーが驚いたりはしているけど、社会全体ではほぼどなたもご存じない。知れば、違うさ、日本の有権者はとても民度が高いから」

日本は選挙は公営で行うという観念が強く、その選挙期間中は官、お上（おかみ）が縛るという発想になる。

アメリカはふだんの政治も、それから選挙も、あくまで官じゃなく民が中心なのだ。

だから共和党、民主党という私党がそれぞれの流儀で候補者を選んで、そのまま最後の投票までなだれ込むだけだ。

つまり両党とも候補者を突然、変えたって、法的には何らの問題も無い。

実際に両党とも差し替えを本気で検討した。具体的には、ふたりの副大統領候補を格上げして、大統領候補にしようかという話が出た。共和党では、ポール・ライアン下院議長をはじめ大物が公然と「トランプは支持しない。別の候補の方がいい」と発言し動いたからマスメディアにも大々的に取りあげられた。

実際には、民主党の方でも「ヒラリーが大統領なら一期目の四年すら持たない。二期八年をやり抜くなんて夢のまた夢じゃないか。差し替えよう」（有力議員）という動きがあった。

しかし……もう一度言う。その「代替候補」が副大統領なのだ。

わたしはこのとき、アメリカの衰弱をいちばん身近に感じた。

あれほどの人材が、日本の倍の人口のなかにひしめき、しかも官と民が自由に入れ替わっているから行政経験が豊富なひとが広大な民間経済界にも沢山いる。

アメリカの立て直しに必要なのはまずは経済の「次」をつくることだから、そのなかから新しい大統領候補を持ってこようとするなら、話は分かる。アメリカらしい。

ところが、あくまでナンバー2、引き立て役の副大統領候補を真っ先に考えたのだ。日本では「アメリカは大統領が死んだりすれば副大統領が昇格するから、副大統領もリーダーにふさわしい人なんだ」という風説がマスメディアから著名学者までふつうに語られる。

たとえばケネディ大統領が暗殺されると、ジョンソン副大統領が移動中の機内で聖書に手を置いて大統領就任の誓いをやった。

そしてベトナム戦争を引き継いで、大規模な爆撃、悪辣な戦争犯罪である枯れ葉剤の大量投下をやり、ベトナムの赤ちゃん、子供、女性、高齢者も虐殺し、妊婦のお腹から頭のてっぺんで繋《つな》がってしまった双子、頭が無くてカエルが潰されたような顔をしている無脳児らを生ませた。これらの事実は今、ベトナムの戦争記念館でホルマリン漬けになった大瓶のなかの赤ちゃんで誰でも見ることができる。

烈しい大統領選挙を経て選ばれたのではなく、副大統領から大統領に昇格しただけであっても、これだけの重大な決断をやれる。

それはその通りだ。

しかし違う。学者頭では分からない。

考えてもみてください。大統領が、おのれの地位を脅かすようなトップリーダー型の人材を副大統領に選ぶと思いますか。

アメリカは何でもありの国だから、そんなことをすれば副大統領が大統領を殺してトップの座に就こうとすることすらあり得る。

事実、わたしはジョンソン副大統領（当時）はケネディ暗殺に関与したと考えている。

わたしは陰謀論は採らない。何もかも陰謀のせいにすると判断を誤ると長年、言い続けてきた。と同時に、陰謀、conspiracy も存在する。ベトナム戦争も、アメリカ軍が陰謀をめぐらせてベトナムのトンキン湾でベトナムの艦船を攻撃し、ベトナムが先に攻撃をしたと嘘をついて自らの侵略攻撃を正当化して始まった。

ジョンソン副大統領の発案とは考えない。しかしケネディ大統領のマフィア取り締まりや対ソ連有和《ゆうわ》政策では困る一派の凝らした陰謀計画の仕上げが、副大統領を巻き込むことだったのではないかと思慮している。

だからこそジョンソンさんは大統領になったあと、あれほどにベトナム戦争にのめり込んだ、そう考えている。

これはもちろん、ひとつの説に過ぎない。

だが内心で同じことを考えてきたアメリカの政治家、高官、高位の軍人は驚くほどに多い。

そのために特に、ケネディ暗殺以降、副大統領は小粒になった。

今回も同じだ。

ヒラリーさんが副大統領候補に指名した民主党のケーン上院議員、トランプさんが指名した共和党のペンス・インディアナ州知事のいずれもごく真っ当な、温厚な人物だ。

つまりは、それだけである。

副大統領候補同士のテレビ討論では、親分の大統領候補のそれと同じく、相手を罵り合う討論になった。しかしそれこそが、ボスのカーボンコピーしか演じられない彼らの正体を物語っている。本来はおふたりとも、まともな人であるのにそれを出すことすらできなかった。

アメリカ社会の底力として広く深い人材の海から新候補を輩出するのではなく、こんな手近なところから交代劇を演じようとしたから、その試みは頓挫して、トランプvs.ヒラリーの不毛の対決のまま大統領選挙は本選に突入した。

ではどうして、アメリカはここまで衰弱したのだろうか。

学者、評論家は「複雑な要因」と言い、政治家、テレビのコメンテーターは「そりゃ、いろいろあってですね」と言うだろう。

違う。

根本原因はただひとつだ。

戦争の変質である。

日本は戦争に負けて苦しんできた。

先の大戦で負けたために、国の交戦権を否定するという主権国家では決してあり得ない憲法をつくり、百人を超える恐れの強い自国民を北朝鮮ごとき破綻国家に奪われても取り返しに行くことすらできない、取り返しに行けないから北朝鮮は安心して日本国民を奪い続けるという悲惨極まりないことが起きている。

国が民を護るすべを何もかも第九条で否定し、それではどうやって国家の最低限の義務の国民保護と領土領海領空の防衛をするのかという代替案が条文には一切無くて、前文という付録に「諸国民の公正と信義」にひたすらお願いして国民の「安全」だけではなく「生存」までを守ってもらうのが、わたしたちの大切な基本ルール、規範の日本国憲法である。

本稿を書いているとき、朝日新聞に「ニューステーション」のキャスターだった高名な久米宏さんが登場し、「九条をはじめ憲法は日本が世界に誇れる、ほとんど唯一の宝」という趣旨の日本のジャーナリスト、テレビマン、評論家、学者それから……もういいや、とにかくマスメディアや学界の主流派がずっと言ってこられたことを、また言い、そして最後に「人にできないことをやる」と胸を張っていた。

人にできないこと？

ふはは。悲しくて、もう笑うしかない。

いや、敗戦後の日本社会で誰でもやること、「非難されるリスクのいちばん少ないことを発言する」をやっておられるだけです。

こういうひとびとは拉致被害者とその家族の存在という冷厳な事実をなぜ見ないのか。それが不可思議なだけではなくて、どうしても聞かねばならないのは「諸国民って誰ですか」である。

日本国憲法は一条から百三条まである長い憲法だ。そのなかで国家にとって基本中の基本の「国民の護り方」を定めたのは九条、ただ一箇所しか無い。しかしその九条は武力の行使、武力の威嚇、陸海空軍の保持、その他の戦力の保持、そして国の交戦権まで、およそ国際法が定め、認めている「主権国家がその国民を護る手段」をくまなく全否定している。

憲法学者をはじめ多くの人が「いや、九条には、国際紛争を解決する手段としては、と書いてある」と仰るが、意味が無い。日本国民が外国によって危機に晒《さら》される時は常に国際紛争である。その国際紛争を解決する手段としては交戦権すら放棄するのなら、それは国民をいつだって護らないことに他ならない。

だから「日本にはできないので諸国民にお願いする」と憲法の付録に書いてあるのだ。

もう一度、一緒に考えましょう。

諸国民って誰ですか。

先ほどの久米さんのような方々は「世界の国民だよ、そりゃ」と仰るわけだが、たとえば中南米やアフリカの困難に直面した国々の国民が日本国民を護ってくれるのですか、護らないといけないのですか。これほど呆《あき》れた話も無い。貧困や疫病、内戦に苦しむ諸国民に豊かな日本国民を護らせるのですか。

話はまったく逆だ。

日本が護らねばならない。

諸国民というからには、日本国民を奪ったままの北朝鮮まで含むのかという議論を待つまえに、諸国民を世界の人々とするのは滅茶ら苦茶らである。

真実は、「諸国民」とは「アメリカ国民」なのだ。

もろもろの国民ではなく、アメリカ国民だけである。アメリカ国民が支えるアメリカ軍に日本国民を守ってもらうのが日本国憲法である。

この仕組みになっているのは先ほど述べたように、日本は戦争に負け、アメリカが戦争に勝ったからだ。

ところが勝ったアメリカは、戦争に勝ったから別の苦しみを背負った。

勝ったために戦争が正しいことになってしまい、大戦が終わってわずか五年後に朝鮮戦争にのめり込み、せっかく大戦で生き延びた若者を大量に失った。

それでさすがに止まる……どころか、朝鮮戦争の決着がつかないままベトナム戦争のより深い泥沼に自ら入り込んだ。

この常に戦争をしている歴史は、当然のこととして戦場にされる国と国民にアメリカに対する憎悪を生み、9・11同時多発テロを呼び込んでしまった。

ところが、これは変質した戦争であった。

武器ではなく軍用機ではなく、ただの旅客機が史上初めて、アメリカ本土を本格的に攻撃して、大量のアメリカ人と日本人を含めた外国ビジネスマンを殺戮《さつりく》した。

ただの旅客機も、大型であれば満タンの燃料のままビルに突っ込むと小型戦術核の威力を持つことを悪魔的に計算したテロリストによって遂行された新しい戦争であった。

イラク戦争でアメリカ軍は、フセイン大統領の正規軍だったイラク共和国軍には簡単に勝った。

強いとされたはずの大統領近衛兵とも言うべき共和国戦車隊があっという間に降伏し、戦車兵がみな、「アメリーカ、ワンダフル」と両手を挙げて叫びながら米兵に近寄ってきた。

ところがそのフセイン大統領の軍隊をアメリカ軍が駆逐してくれたために、テロリスト、フセイン大統領に殺され続けたテロリストたちが跳梁跋扈《ちょうりょうばっこ》できるようになってしまった。

わたしはアメリカ軍の正規兵、陸軍歩兵部隊などと共にイラクの戦場を歩いたとき、軍旗も無い、制服も無い、市民と見分けの付かないテロリストの隠し置いた手製爆弾に触れてしまい、高度な訓練を受けた米兵が易々と爆殺される現場に直面してきた。

すなわち軍事国家アメリカが、もはや通用しなくなる世界が現出したのだ。

そのためにまずは、「核なき世界」という白人アメリカの常識から外れたことを公言できる黒人大統領のオバマさんを大統領に担いでみた。ところがテロリストのさらなる跳梁を招いただけだった。

したがってもはや大統領に誰を据えて良いか分からなくなったのが、この二〇一六年の大統領選挙なのだ。

これを過ぎて、もしもアメリカが戦争に依存する体質、過度な軍事国家を脱する時が来れば、それにふさわしい新々の大統領を生むだろう。

そのときがむしろ問題なのだ。

祖国日本はそれまでに生まれ変わっていなければならない。アメリカと対等な同盟を組み直して初めて、アジアと世界の未来もあるからだ。

アメリカを考えるとは、祖国日本を考えること、その真理はアメリカの自壊でますます大切になっている。さ、「それからの道」を一緒に行きましょう

（了）

西暦二〇一六年、平成二八年、皇紀二六七六年十月十九日

国会まわりの銀杏が美しく色づくなかで

青山繁晴　拝

アメリカ・ザ・ゲンバ
America at the Scenes

著者 青山繁晴

２０１６年11月25日　初版発行
２０１６年12月20日　２版発行

青山繁晴（あおやま　しげはる）
作家、参議院議員。一九五二（昭和二七）年、神戸市生まれ。慶應義塾大学文学部中退、早稲田大学政治経済学部卒業。共同通信記者、三菱総合研究所研究員を経て、二〇〇二（平成一四）年、株式会社独立総合研究所を創立し、代表取締役社長・兼・首席研究員に就任。二〇一六（平成二八）年、参議院議員に当選し、現職。著書に、『ぼくらの祖国』『壊れた地球儀の直し方』（扶桑社）、『青山繁晴の「逆転」ガイド　ハワイ真珠湾の巻』（ワニ・プラス）、『平成紀』（幻冬舎文庫）など。

発行者　佐藤俊彦
発行所　株式会社ワニ・プラス
〒１５０－８４８２
東京都渋谷区恵比寿４－４－９　えびす大黒ビル７Ｆ
電話　０３－５４４９－２１７１（編集）

発売元　株式会社ワニブックス
〒１５０－８４８２
東京都渋谷区恵比寿４－４－９　えびす大黒ビル
電話　０３－５４４９－２７１１（代表）

装丁　橘田浩志（アティック）
清水良洋　佐野佳子（Malpu Design）

印刷・製本所　大日本印刷株式会社
ＤＴＰ　株式会社ＹＨＢ編集企画

ISBN 978-4-8470-6104-2